Wolfgang W. Müller (Hrsg.)

Horizontale Ökumene

T0162895

T V Z

Margot Käßmann, Wolfgang Schäuble,
Cornelio Sommaruga

Horizontale Ökumene

Otto-Karrer-Vorlesungen zu Ökumene,
Caritas und interreligiösem Dialog

Herausgegeben von Wolfgang W. Müller

EDITION **N Z N**
BEI **T V Z**

Theologischer Verlag Zürich

Schriften Ökumenisches Institut Luzern 6

Die deutsche Bibliothek – Bibliografische Einheitsaufnahme
Die Deutsche Bibliothek verzeichnet diese Publikation in der
Deutschen Nationalbibliografie;
detaillierte bibliografische Daten sind im Internet
über <http://dnb.ddb.de> abrufbar.

ISBN 978-3-290-20047-3

Umschlaggestaltung: Simone Ackermann, Zürich

Satz und Layout: Verena Schaukal, Paris

Druck: ROSCH-BUCH GmbH, Scheßlitz

© 2007 Theologischer Verlag Zürich
www.tvz-verlag.ch

Inhaltsverzeichnis

Vorwort

«Du stehst wahrhaft im Riss» schreibt im Jahr 1948 der reformierte Dekan Werner Meyer an seinen Freund Otto Karrer. Mit diesem biblischen Wort, das dem Propheten Jesaja entlehnt ist (Jes 58,12), beschreibt der reformierte Theologe das Leben Otto Karrers sehr gut. Otto Karrer war ein Mann des Dialogs.[1] Die Metapher des ‹Im Riss Stehen› verwendet Meyer, um den Einsatz Karrers für die ökumenische Bewegung zu umschreiben. Karrers Impulse hatten Eingang in die theologischen und kirchlichen Debatten der Vorkonzilszeit gefunden. Viele seiner Anliegen für den ökumenischen Dialog fanden in dem Konzilsdokument ‹Unitatis redintegratio› eine gesamtkirchliche Rezeption. Neben den ökumenischen Themen hatte sich der Luzerner theologische Pionier auch dem interreligiösen Gespräch sowie allgemein kirchlichen und sozialen Fragen zugewandt.

Die seit 2003 an der Theologischen Fakultät der Universität Luzern initiierte ‹Otto-Karrer-Vorlesung› findet einmal jährlich statt.[2] Sie

---

1   Zu Leben und Werk Otto Karrers siehe: Höfler, Liselotte; Conzemius, Victor: Otto Karrer 1888–1976 : Kämpfen und Leiden für eine weltoffene Kirche. Freiburg i. Br.: Herder, 1985; Müller, Wolfgang W.: Otto Karrer : Fundamente und Praxis der Ökumene gestern und heute. Berlin: Morus, 2004; Wiederkehr, Dietrich: Otto Karrer : Der ökumenische Seelsorger. In: Ders.: Für einen befreienden Glauben : Drei Theologen als Wegbereiter. Luzern: Pro Libris, 2005, S. 48–75.

2   Die beiden ersten Otto-Karrer-Vorlesungen von Lukas Vischer und Karl Kardinal Lehmann sind publiziert in: Müller, Wolfgang W.: Otto Karrer, aaO., 2004.

setzt sich zum Ziel, einerseits das Andenken an Otto Karrer zu pflegen, andererseits die Anliegen seines Werkes prospektiv aufzugreifen und in die aktuelle Diskussion der theologischen Wissenschaft einzubringen. Die ‹Otto-Karrer-Vorlesung› versteht sich als ein Diskussionsforum für Theologie und Kirche am Schnittpunkt von theologischer Reflexion und Öffentlichkeit.

Die in diesem Band der Schriftenreihe ‹Ökumenisches Institut Luzern› publizierten Vorträge der letzten drei Jahre legen für die intendierte Ausrichtung ein beredtes Zeugnis ab. Margot Käßmann, Bischöfin der Evangelisch-lutherischen Landeskirche Hannovers, sprach in der ‹Otto-Karrer-Vorlesung› zum Stand der Ökumene und rief nochmals die Höhen und Tiefen, die der ökumenische Dialog im letzten Jahrhundert durchschritten hat, in Erinnerung: «Was folgt auf das ‹Jahrhundert der Ökumene›? Herausforderungen, Engpässe und Chancen». Die Analyse als Zeitzeugnis der aktuellen ökumenischen Debatten greift Ängste und Befürchtungen auf, die in den christlichen Kirchen heute vorhanden sind. Zugleich durchzieht den Vortrag die Vision Karrers von einer ‹ökumenischen Katholizität›, die allen christlichen Kirchen die Frage nach der Einheit der Kirche Jesu Christi stellt.

Der ehemalige Präsident des Komitees vom Internationalen Roten Kreuz, Cornelio Sommaruga, Genf, sprach über den humanitären Aspekt in den Krisen und Konflikten unserer Zeit. «Globalisierung der Verantwortung – mehr Menschlichkeit für die Menschheit». Dieser Aspekt, der zivile und kirchliche Hilfsorganisationen zusammenführt, weist auf die wichtige Bedeutung einer praktischen Ökumene hin, die den Gedanken der Würde des Menschen und den Aufruf zur Caritas in sich vereint weiß.

Wolfgang Schäuble hat als Innenminister der Bundesrepublik Deutschland die ‹Deutsche Islam Konferenz› ins Leben gerufen, die sich der Frage der Integration von muslimischen Bürgern und Bürgerinnen in Deutschland stellt. Sein Vortrag ‹Staat und Islam in Europa› verweist auf den interreligiösen Aspekt des Werkes von Otto Karrer. Die Schrift Otto Karrers ‹Das Religiöse in der Menschheit und das Christentum›, 1934 publiziert, verlässt den Weg der damals herrschenden apologetischen Betrachtung anderer Religionen und verweist auf deren Heilsbedeutung in der Geschichte der Menschheit.

Die publizierten Referate behalten den Stil der mündlichen Rede bei. Sie verstehen sich alle als ein Diskussionsangebot in den jeweils geführten Debatten. Neben den drei Referaten werden in diesen Band Auszüge von Schriften Otto Karrers aufgenommen, die um die gleichen Themen kreisen, mit denen sich die drei Vorträge auseinandersetzen. Die vorgelegte Auswahl möchte so einen Bogen schließen, der vom wachen Denken Karrers ausgeht und sich bis zu den heute aktuellen Fragen spannt.

Der Abschnitt ‹Gesetz der Stellvertretung› versteht sich als Lebensbilanz des ökumenischen Wirkens Karrers, das er in Folge des Ereignisses des II. Vatikanischen Konzils in seiner Schrift ‹Das Zweite Vatikanische Konzil› publizierte. Christliches Engagement weist auf die gesellschaftliche Relevanz des Glaubens hin und öffnet den ökumenischen Anliegen in den verschiedenen Kirchen großen Raum. Die ökumenische Bewegung lebt von der grundsätzlichen Bedeutung christlicher Diakonie in allen Kirchen. Die positive theologische Würdigung des Religionsstifters Mohammed, die Otto Karrer in seinem bereits genannten Buch ‹Das Religiöse in der Menschheit und das Christentum› vorlegt, bricht mit der damals noch allgegenwärtigen apologetischen Abwehrhaltung der katholischen Theologie und Kirche und macht Karrer zu einem Wegbereiter des interreligiösen Dialogs in heutiger Zeit.

Wolfgang W. Müller

Otto-Karrer-Vorlesungen Luzern 2005–2007

Margot Käßmann

Was folgt auf das Jahrhundert der Ökumene? Herausforderungen, Engpässe und Chancen

Luzern, 26. April 2005

Vorbemerkung

Ich freue mich, dass wir in so besonderen Tagen miteinander über Ökumene sprechen. Und ich kann mich auch mitfreuen an der Medieneuphorie rund um die Papstwahl – da staunt das säkulare Europa, dass es noch so viele Christinnen und Christen gibt! Wie heißt es im Römerbrief: «Wenn ein Glied geehrt wird, freuen sich alle Glieder mit.»

Dass es Unterschiede gibt, geht dabei verloren. Eine Journalistin begann neulich das Gespräch: «Jetzt haben wir einen neuen Papst!» Ich sagte: «Ach, Sie sind katholisch.» «Nein», sagte sie, «warum?» Es macht aber auch heute durchaus Sinn, über Verschiedenheit bei aller Gemeinschaft nachzudenken.

1   Rückblick auf das Jahrhundert der Ökumene

Die Spaltungen der Christenheit gingen von Europa aus. 1054 entstand die große Spaltung zwischen Ostkirche und Westkirche, die bis heute die Christenheit prägt. Wer sich die neue EU-Grenze anschaut, kann mit Erstaunen feststellen, dass sie fast jener Spaltung entspricht. Dann folgte das Zeitalter der Reformation, in der Westkirche eine große Umbruchsituation, die sich schon angedeutet hatte mit Jan Hus und anderen Reformbewegungen. Luther, unterstützt von der Erfindung des Buchdrucks und einigen Fürsten samt ihren

Interessen, wurde zum Wegbereiter. Aber unser Medienzeitalter hat es nicht so mit Differenzierungen. Schließlich war Europa auch Schauplatz der Entstehung der anglikanischen Kirche sowie der Spaltung zwischen römisch-katholischer und alt-katholischer Kirche, der Entwicklung der lutherischen und reformierten Kirche sowie später der großen historischen Friedenskirchen.

Und Europa hat die Spaltung der Christenheit mit der Mission in alle Welt getragen. Ein pazifischer Bischof hat mir einmal erzählt: «Letzten Endes sind wir eine große Gemeinschaft auf unserer Insel bis auf den Sonntagvormittag. Um zehn Uhr geht ein Teil von uns in die römisch-katholische Kirche, eine andere Gruppe in die baptistische Kirche und wieder eine andere in die lutherische. Die Unterschiede versteht eigentlich niemand.»

Erbittert haben die christlichen Kirchen in Europa gestritten um den Wahrheitsanspruch ihrer Kirche. Grauenvolle Kriege wurden in Sachen christlicher Wahrheit gefochten, denken wir allein an den 30-jährigen Krieg, das unsägliche Leiden der Menschen und bis heute die Auseinandersetzungen in Nordirland, die unter dem Label «evangelisch-katholisch» geführt werden.

Das 20. Jahrhundert hat ökumenisch einen enormen Durchbruch gebracht. Erstmals seit den Jahrhunderten der Spaltungen haben sich die christlichen Kirchen aufeinander zu bewegt. Ansporn hierfür waren zwei Elemente: Die missionarische Herausforderung und die Katastrophe des Zweiten Weltkrieges. 1910 versammelten sich in Edinburgh Missionsexperten, weil sie die Glaubwürdigkeit der christlichen Kirchen auf dem Feld der Mission durch die Spaltungen in Denominationen und Konfessionen gefährdet sahen. Hieraus ist die ökumenische Bewegung erwachsen. Es entstand die «Bewegung für Praktisches Christentum», die die Einheit der Kirche auf dem Weg des gemeinsamen Dienstes sieht, und die «Bewegung für Glauben und Kirchenverfassung», die durch Übereinstimmungen in der Lehre den Weg zur Einheit der Kirche finden will. Freundschaften entwickelten sich, Gemeinschaft entstand, auch über die Gräben des Ersten Weltkrieges hinweg. Das zeigt, wie wichtig die persönliche Begegnung für die Ökumene ist! Vielleicht braucht sie eine Art Theologie der Freundschaft. Vor allen Dingen aber hat sich die ökumenische Gemeinschaft, die stetig wuchs, in den 30er und 40er Jahren über die Gräben des Zweiten Weltkrieges hinaus erhalten. Das ist ein Wunder, für das wir Gott dankbar sein können. Gerade die deutschen Kirchen haben hier vieles zu danken. Dass sie 1948 zu den Gründungskirchen des Ökumenischen Rates der Kirchen gehören durften, war ein Zeichen der Versöhnung, das bis heute wirkt. Delegierte aus Holland, der Schweiz, Frankreich besuchten den Rat der Evangelischen Kirche in Deutschland bei seiner ersten Sitzung nach dem Krieg, und es kam zu dem Schuldbekenntnis, über das Dietrich Bonhoeffer und Wilhelm Visser't Hooft bereits gesprochen hatten.

Der Ökumenische Rat der Kirchen hat in den ersten Jahrzehnten seiner Existenz große Hoffnungszeichen gesetzt. Das gilt sowohl für die Suche nach der Einheit der Kirchen im Lehrgespräch über Glauben und Kirchenverfassung, die ihren Höhepunkt in dem Dokument «Taufe, Eucharistie und Amt» 1982 in Lima fand, als auch für die Einheit der Kirche im Eintreten für die Einheit der Menschen, für die Gemeinschaft von Menschen aus allen Rassen und Völkern. Das waren für die europäischen Kirchen manches Mal schwierige Lernprozesse! Energisch haben die Kirchen aus der sogenannten Dritten Welt sich zu Wort gemeldet und Gehör gefunden. Für mich persönlich ist weiterhin der Höhepunkt die Weltversammlung für Gerechtigkeit, Frieden und Bewahrung der Schöpfung 1990 in Seoul, Korea.

Im 20. Jahrhundert haben die Kirchen Europas gelernt: Diese christliche Kirche, die wir jeden Sonntag im apostolischen Glaubensbekenntnis bekennen, ist eine. Eine heilige, christliche Kirche. Sie ist die Kirche, die wir glauben, die in Jesus Christus vorgegeben ist. Diese Kirche manifestiert sich in vielen Kirchen weltweit. In der Vielfalt der Kontexte und Denominationen ist die Una Sancta, die eine heilige christliche Kirche zu finden. Jede Kirche ist nur eine Provinz der Weltchristenheit (E. Lange). Inzwischen gibt es Kirchen, die sich vollkommen loslösen von den dogmatischen Differenzen der europäischen Mutterkirchen. Nehmen wir die Kirche des Evangelisten Simon Kimbangue in der Demokratischen Republik Kongo, eine der größten Kirchen Afrikas. Diese ist allerdings noch Mitglied im Ökumenischen Rat der Kirchen. Es gibt inzwischen Schätzungen, dass nahezu die Hälfte aller Christinnen und Christen auf der Welt nicht mehr einer der traditionellen konfessionellen Kirchen – römisch-katholisch, reformatorisch oder orthodox – angehören, sondern einer der großen freien christlichen Bewegungen im Pfingstbereich. Das gilt insbesondere für Afrika und Lateinamerika. Eine chinesische Pastorin sagte mir kürzlich: «We are post-confessional». Nehmen wir das überhaupt wahr? Wie gehen wir damit um? In unseren Großstädten in Deutschland gibt es beispielsweise unzählige christliche Auslandsgemeinden, die anscheinend völlig außerhalb unseres Blickfeldes existieren und Gottesdienst feiern. Ich nehme die nette niedersächsische Kleinstadt Gifhorn als Beispiel: 24 Religionsgemeinschaften, 40.000 Einwohner. Kurzum: Die traditionellen Kirchen mit ihren konfessionellen Grundüberzeugungen stehen vor enormen Herausforderungen, und zwar gemeinsam.

2 Die Gegenwart der ökumenischen Situation

Wie sieht es nun aktuell aus mit der Ökumene? Wo sind die Herausforderungen, Engpässe und wo die Chancen? Insgesamt befinden wir uns in einer relativ ernüchternden Situation, ja vielleicht sogar angespannten Situation am Beginn des 21. Jahrhunderts. Dazu zehn Beispiele aus den vergangenen sechs Jahren:

2.1 1999 wurde in Augsburg die Gemeinsame Erklärung der römisch-katholischen Kirche und des lutherischen Weltbundes zur Rechtfertigung unterzeichnet. Es wurde festgehalten: So wie die beiden Kirchen ihre Lehre heute formulieren, werden sie von den Verwerfungen des 16. Jahrhunderts nicht getroffen. Die Unterzeichnung der Gemeinsamen Offiziellen Feststellung zur Gemeinsamen Erklärung in Augsburg am 31. Oktober war ein feierliches Ereignis. Es bedeutet nicht – und das war allen Beteiligten klar –, dass nunmehr die Lehrbegriffe der unterschiedlichen Traditionen auf einem gleichen Verständnis beruhen. Aber die Unterzeichnung wurde begrüßt als ein Schritt auf einem notwendigen Weg der Annäherung. Ein Durchbruch schien nahe nach dem Motto: Diese Erklärung wird die Unterschiede nicht beseitigen, hoffentlich aber zur Möglichkeit führen, einander gastweise zum Abendmahl einzuladen. Dass es gelungen ist, zumindest gemeinsame Formulierungen zu finden zu einer theologischen Frage, an der einst die Einheit zerbrochen ist, dafür können wir dankbar sein.

Proteste aus dem Bereich der Hochschulen haben allerdings von Anfang an auf verbleibende Unklarheiten verwiesen. Der damalige Ratsvorsitzende der EKD Manfred Kock sagte in seinem Bericht vor der Synode dazu: «Das Ergebnis aber mit dem Abschluß eines Tarifvertrages zu vergleichen, ist abwegig, denn der Vergleich verkennt völlig die Absicht, den Charakter und die Bedeutung der Gemeinsamen Erklärung. Der in Augsburg unterschriebene Text beschreibt eine breite Toleranzspanne, innerhalb derer man sich gegenseitig akzeptiert.»[1] Die Auseinandersetzung zeigt, wie wichtig es ist, dass das Gespräch zwischen Hochschule und Geistlicher Leitung der Kirchen über diese Frage nicht abbricht. Vielmehr zeigt sich eine Notwendigkeit, Hochschultheologie und Kirchenleitungen vertieft in ein Gespräch zu bringen.

2.2 Kurz darauf löste der für das sog. Heilige Jahr 2000 angekündigte Ablass Irritationen aus. Der heutige leitende Bischof der VELKD Knuth hat in seinem Bericht als Catholica-Beauftragter bei der VELKD-Synode in Braunschweig 1999 darauf hingewiesen. Er führte aus, traditionelle Formeln wie «Ablass erwerben, gewinnen, gewähren», «Ablass für die Seelen der Verstorbenen», seien so angewendet, «dass sich beim besten Willen nicht der Eindruck einstellen will, bei der Abfassung könne die GE im Blick gewesen sein.»[2] Das Thema Ablass war ja 1517 Dreh- und Angelpunkt von Luthers 95

---

1   Bericht des Rates der Evangelischen Kirche in Deutschland, Drucksache Nr. I/1, 4. Tagung der IX. Synode der EKD, Leipzig 1999, S. 10.
2   Bericht des Catholica-Beauftragten der Vereinigten Kirche, Bischof Dr. Hans Christian Knuth, Drucksache Nr. 8/1999, S. 13.

Thesen. Kein Wunder, dass die Kirchen der Reformation auf dieses Thema sensibel reagieren. Mir scheint es die Notwendigkeit zu bestärken, in diesen Fragen über Gemeinsames und Trennendes den Diskurs zu intensivieren.

2.3 Im Jahr 2000 stiegen die Spannungen. Die römisch-katholische Kirche setzte mit der Erklärung «Dominus Iesus» durch die Glaubenskongregation ein klares Zeichen. Sie selbst sieht sich weiterhin, trotz aller ökumenischen Fortschritte, allein als die eine, wahre, heilige Kirche an, als die einzige Kirche, die wahre Kirche Jesu Christi ist. «Die kirchlichen Gemeinschaften hingegen, die den gültigen Episkopat und die ursprüngliche und vollständige Wirklichkeit des eucharistischen Mysteriums nicht bewahrt haben, sind nicht Kirchen im eigentlichen Sinn; die in diesen Gemeinschaften Getauften sind aber durch die Taufe Christus eingegliedert und stehen deshalb in einer gewissen, wenn auch nicht vollkommenen Gemeinschaft mit der Kirche.»

Das ist ein sehr anderes als das evangelische Kirchenverständnis! Und ich sehe auch nicht, dass ein solches Kirchenverständnis biblisch begründet ist. Selbstverständlich sind wir Kirchen im vollen Sinne. Unser Amt, auch das bischöfliche, ist volles Amt im Sinne Jesu Christi. In seiner Schrift «Wider Hans Worst» hat Luther 1541 unmissverständlich formuliert, dass die Kirche der Reformation die alte Kirche fortführt. Reformatorische Kirchen sind keine im 16. Jahrhundert neu entstanden Kirchen, sondern Erbinnen der alten Kirche, die die Reformation schon durchlaufen haben. Unter anderem werden ja gerade altkirchliche Traditionen unter Berufung auf Augustin neu aufgenommen. Wir sehen uns auch durchaus in apostolischer Sukzession – nicht durch eine Kette von Handauflegungen, sondern verstanden als Treue zur Lehre der Apostel.

2.4 Im selben Jahr wurde unter dem Titel «Communio Sanctorum» der Text einer bilateralen Arbeitsgruppe der Deutschen Bischofskonferenz und der Kirchenleitung der VELKD herausgegeben, der sich darum bemüht, nach der Methode des «differenzierten Konsenses» in strittigen Fragen der Lehre Einigkeit zu erzielen. Evangelischerseits wurde heftig kritisiert, dass hier versucht wurde, das Papstamt als Amt der Einheit für alle Konfessionen anzusehen: «Die Bindung eines solchen universalen Petrusdienstes an den Bischof von Rom legt sich für die abendländische Christenheit trotz aller Belastungen aus historischen Gründen nahe.» (S. 95). Zudem wurde versucht, die Marienverehrung ökumenisch zu öffnen: «Lutherische Christen sollten, um des gleichen Zieles der Einheit im Glauben willen, das Bemühen der katholischen Seite würdigen, die Stellung Marias christologisch und ekklesiologisch zu begründen. Sie sind eingeladen zu bedenken, dass für katholisches Denken die Mutter Christi die Verkörperung des Rechtfertigungsgeschehens allein aus Gnade und durch den Glauben ist. Auch die Mariendogmen des 19. und 20. Jahrhunderts leiten sich daraus ab...» (S. 125f.). Das nun aber können Evangelische nicht akzeptieren. Beide Punkte lassen sich evangelisch nicht biegen. Der Papst ist für uns der Bischof von Rom, respektiert als Oberhaupt einer Schwesterkirche. Maria ist die Mutter Jesu, eine ganz besondere Gestalt der Bibel, aber weder «semper virgo», noch besonders verklärt oder anbetungswürdig. Wir beten zu Gott, zu Jesus Christus.

2.5 Ein Jahr später, 2001, hat der Rat der Evangelischen Kirche in Deutschland empfohlen, in ökumenischen Gottesdiensten *auch* die Lutherübersetzung zu nutzen. Das hat nun wiederum zu Irritationen in der römisch-katholischen Kirche geführt. Dort war man davon ausgegangen, es sei sinnvoll, die Einheitsübersetzung in ökumenischen Gottesdiensten zu benutzen. Diese ist aber nicht im engeren Sinne eine ökumenische Einheitsübersetzung, sondern eine für die katholischen Gemeinden in Deutschland, Österreich und der Schweiz und wird deshalb als Einheitsübersetzung bezeichnet. An der Übersetzung von Neuem Testament und Psalmen allerdings waren evangelische Exegeten beteiligt. Gewiss hat sie ihr gutes Recht in ökumenischen Gottesdiensten, aber doch ebenso die Lutherbibel, die an vielen Punkten sprachlich kraftvoller ist. Und jetzt ringen wir um die Revision der Einheitsübersetzung. Können sich die Evangelischen beteiligen, wenn doch die katholische Seite gebunden ist durch die Normen der Instruktion «Liturgiam authenticam»? Es bedarf eines erheblichen ökumenischen Ringens, das Projekt in ökumenischer Abstimmung auf den Weg zu bringen.

2.6 2001 hat die Evangelische Kirche in Deutschland unter dem Titel «Kirchengemeinschaft nach evangelischem Verständnis» ein «Votum zum geordneten Miteinander bekenntnisverschiedener Kirchen» herausgegeben. Es wurde von römisch-katholischer Seite als direkte Reaktion auf Dominus Jesus verstanden. Und hat durchaus Widerspruch ausgelöst. Dort heißt es: «In diesem Zusammenhang ist auch festzustellen, dass die Notwendigkeit und Gestalt des ‹Petrusamtes› und damit des Primats des Papstes, das Verständnis der apostolischen Sukzession, die Nichtzulassung von Frauen zum ordinierten Amt und nicht zuletzt der Rang des Kirchenrechtes in der römisch-katholischen Kirche Sachverhalte sind, denen evangelischerseits widersprochen werden muss.» (S. 13). Kurzum: Die trennenden Themen der Reformationszeit sind wieder klar auf dem Tisch.

2.7 Gleichzeitig erleben wir in Teilen der östlich-orthodoxen Kirchen eine wachsende anti-ökumenische Haltung. In den Beschlüssen der Moskauer Bischofsynode im August 2000 heißt es: «Die Orthodoxe Kirche ist die wahre Kirche Christi, geschaffen von unserem Herrn und Heiland selbst, die Kirche, die gefestigt und erfüllt ist vom Heiligen Geist...». Und weiter: «Die Orthodoxe Kirche versichert durch den Mund der hlg. Väter, dass das Heil nur in der Kirche Christi gefunden werden kann. Doch gleichzeitig wurden die von der Einheit mit der Orthodoxie abgefallenen Gemeinschaften niemals als völlig von der Gnade Gottes verlustig gegangen angesehen...».

Ökumene gilt in einigen orthodoxen Kirchen des Ostens als Häresie. Gerade die russisch-orthodoxe Kirche setzt sich scharf ab gegenüber der ökumenischen Bewegung, nachdem sie in den Jahren des eisernen Vorhangs die ökumenische Bewegung durchaus als Plattform benutzt hat. Die gegenseitige Fremdheit ist groß. Evangelische

Kirchen wie die römisch-katholische Kirche in Russland werden argwöhnisch betrachtet. Der Vorwurf der «Proselytenmacherei» und «Verwestlichung» ist schnell im Raum. Kirche wird eher national gedacht: eine Nation = eine Kirche.

2.8 Anfang September 2002 hat in Genf der Zentralausschuss einen Text unter dem Titel «Abschlussbericht der Sonderkommission zur orthodoxen Mitarbeit im ÖRK» verabschiedet. Dieses Dokument ist das Ergebnis einer dreijährigen Arbeit einer Kommission, die bei der Vollversammlung in Harare eingesetzt wurde, um den Gravamina der Orthodoxie mit Blick auf ihre Mitgliedschaft im Ökumenischen Rat der Kirchen zu begegnen. Mir ist deutlich bewusst, dass ein Weltrat von 342 Mitgliedskirchen zu Kompromissen fähig sein muss. Das vom Zentralausschuss verabschiedete Resultat ist meines Erachtens ein Dokument der Abgrenzung und der Angst voreinander. Das betrifft für mich zuallererst den Gottesdienst. So heißt es unter anderem:

«De facto wird der Schmerz, den die Spaltung der Christenheit verursacht, am bittersten in der gemeinsamen Andacht empfunden.» (S. 9). Nun habe ich gerade nicht den Schmerz über die Trennung, sondern die Freude an der Gemeinschaft in diesen Gottesdiensten empfunden. Im Anhang zum Dokument (A) ist zu erfahren, warum hier nur noch von Andachten (im Englischen, das die Grundlage ökumenischer Texte darstellt, wird ausschließlich von «gemeinsamem *Gebet*» gesprochen): «Der Begriff ‹ökumenischer Gottesdienst› hat zur Verwirrung über die ekklesiale Qualität solcher Gottesdienste, den ekklesiologischen Status des ÖRK und den Grad der tatsächlich erreichten Einheit geführt. Aus diesen Gründen wird der Begriff ‹ökumenischer Gottesdienst› nicht benutzt werden.» (S. 17). Nun soll es keine Gottesdienste mehr geben, sondern «konfessionelle» und «interkonfessionelle» gemeinsame Andachten bzw. Gebete. Im Dokument werden dabei die Andachten unterschieden, die in «ekklesialer Identität» einer eigenen Denomination stattfinden, und die interkonfessionellen gemeinsamen Andachten, die aus unterschiedlichen Traditionen schöpfen dürfen, bei denen aber deutlich sein muss, dass sie nicht von einer Mitgliedskirche verantwortet werden oder von «einer Art hybrider Kirche» (S. 9) (!!). Jene interkonfessionellen Gebete müssen darauf achten, dass sie «keinen theologischen, ekklesiologischen oder spirituellen Anstoß erregen.» (S. 10). Zudem heißt es: «Die interkonfessionelle gemeinsame Andacht sollte den Anschein vermeiden, Gottesdienst einer Kirche zu sein.» (S. 22). Sie wird von einem Ausschuss geplant, der sich sorgfältig mit der Vorbereitung auseinandersetzen soll. Zu den sogenannten «sensiblen Bereichen» heißt es anschließend: «deshalb sollten diejenigen, die gemeinsame Andachten planen, es vermeiden, in der Frage der Frauenordination auf Konfrontationskurs zu gehen, indem sie voraussetzen, dass die gegenwärtige Praxis einer bestimmten Kirche die einzig mögliche christliche Position in dieser Frage darstellt.» (S. 24). Außerdem wird die Frage der Sprache aufgenommen, insbesondere die Befürchtung der Orthodoxie mit Blick auf inklusive Sprache, die seit Jahren ein Gravamen der Orthodoxen im Ökumenischen Rat der Kirchen ist.[3]

Zudem wird erklärt, dass die Lima-Liturgie zwar in einigen bilateralen Abkommen über Interkommunion eine Rolle spielen möge, dieser Text jedoch keinen offiziellen Status innerhalb des ÖRK habe

---

3 Bezug wird genommen auf ein Dokument der Kommission für Glauben und Kirchenverfassung: «Wir dürfen die Redeweise vom ‹Vater› nicht aufgeben, denn auf diese Weise sprach Jesus zum Vater und vom Vater, und so lehrt er seine Jünger, Gott anzureden. Die Kirche muss jedoch deutlich machen, dass diese Redeweise weder biologisches Mann-Sein Gott zuspricht noch impliziert, dass die von uns als ‹maskulin› bezeichneten und nur Männern zugeschriebenen Eigenschaften die einzigen Eigenschaften Gottes sind. Jesus verwendete nur einige der Merkmale menschlicher Vaterschaft, wenn er von Gott spricht. Er benutzt auch andere Merkmale als die menschlichen Vater-Seins. Gott umfasst, erfüllt und transzendiert nämlich alles, was wir über Menschen, männliche oder weibliche, und über menschliche Eigenschaften, ob maskuline oder feminine, wissen. ‹Vater› ist jedoch nicht nur eine unter mehreren Metaphern oder eines unter mehreren Bildern, die zur Beschreibung Gottes dienen. Es ist der spezifische Name, mit dem Jesus selbst Gott anredete.» Meines Erachtens ging es niemandem darum, die Rede vom Vater abzuschaffen, aber entdeckt haben wir in den letzten Jahrzehnten eine ungeheure Bereicherung des Gottesbildes, wenn wir es nicht darauf beschränken. Welche Horizonterweiterung war das, Gottes Weite zu erkennen und Gott nicht durch die Festlegung auf ein Geschlecht zu begrenzen!

(S. 26). Sollte es während einer Veranstaltung des Ökumenischen Rates der Kirchen eine Eucharistiefeier geben, müsse geklärt werden, wer eindeutig «Gastgeber» sei, diese konfessionelle Eucharistie dürfe aber nicht Teil des offiziellen Programms sein (S. 26). All dies halte ich für einen unerträglichen Vorgang nach 75 Jahren Arbeit der Kommission für Glaube und Kirchenverfassung und 54 Jahren der Existenz des Ökumenischen Rates der Kirchen. Hat sich denn in diesen Jahren nichts bewegt? Waren die Feiern im Gottesdienstzelt von Vancouver alle in irgendeiner Form «illegal»? Für mich ist das ein enttäuschendes Ergebnis.

Im genannten Dokument gibt es natürlich auch andere Gesichtspunkte. Zum einen wird erklärt, dass der Ökumenische Rat der Kirchen für die Kirchen nicht Stellung beziehen darf und auch keine Positionen vertreten kann (S. 6). Das war schon immer so, doch hat der Ökumenische Rat der Kirchen immer wieder Kirchen auch provoziert durch Stellungnahmen – das gilt, wie viele sich erinnern werden, auch für die Evangelische Kirche in Deutschland beispielsweise mit Blick auf das Programm zur Bekämpfung des Rassismus. Dabei war aber doch stets klar, dass sich derartige Äußerungen nicht hundertprozentig mit den Auffassungen aller Mitgliedskirchen decken, aber zumindest gab es eine Stimme der Kirchen auf Weltebene neben dem römischen Katholizismus.

Nun heißt es: «Der ÖRK muss ständig beobachten, wie mit sozialen und ethischen Fragen umgegangen wird, die zur gemeinsamen Beratung vorgeschlagen werden. Wie sollte z. B. beurteilt werden, ob ein bestimmtes Anliegen durch eine echte ‹Kirchenanfrage› an den ÖRK herangetragen wird und nicht durch die Lobbyarbeit einer Interessengruppe?» (S. 8). Wer wäre dann eine Lobbygruppe? Ich erinnere mich gut, dass der Ökumenische Rat der Kirchen die Kirchen in Deutschland in den 80er Jahren geradezu angeregt hat, in ein Gespräch zu kommen zwischen ökumenischer Bewegung, kirchlichen Gruppen und der Institution Kirche mit ihren Gremien. Anregend wird der ÖRK hier offensichtlich nicht mehr sein.

Zum anderen geht es um Konsensverfahren und Mitgliedschaft, aber all das würde heute Abend zu weit führen... Mir scheint der

Ökumenische Rat der Kirchen mit seiner großartigen Tradition und Geschichte selbst am Scheideweg zu stehen. Ist er bereit, den Konflikt zu wagen und auch kritische Themen auf die Tagesordnung zu setzen? Ist er bereit, das «privilegierte Instrument der ökumenischen Bewegung» zu sein, oder wird diese Aufgabe anderen zugesprochen, wie es eine Initiative zur «Rekonfiguration der ökumenischen Bewegung» vorschlägt? Die Vollversammlung in Porto Allegre im kommenden Februar wird zeigen, wohin die Reise geht...

2.9 Kommen wir damit wieder zum römisch-katholisch-lutherischen Gespräch. Im November 2004 hat die VELKD einen Text der lutherischen Bischofskonferenz unter dem Titel «Allgemeines Priestertum, Ordination und Beauftragung nach evangelischem Verständnis» veröffentlicht. Dieser Text ging den Gliedkirchen der EKD zur Stellungnahme zu. In dem Text wird klargestellt, dass in den deutschen evangelischen Kirchen Wortverkündigung und Sakramentsverwaltung nur durch Männer und Frauen wahrgenommen werden, die nach CA XIV ordentlich berufen (rite vocatus) sind. Diese Berufung geschieht durch Ordination oder Beauftragung, beides nach biblischer Tradition unter Gebet und Handauflegung. Damit war klar, dass das Priestertum aller Gläubigen auch bedeutet, dass es neben der Ordination, die lebenslang und an allen Orten gilt, Beauftragungen von Laien für einen bestimmten Ort und eine bestimmte Zeit geben kann (pro tempore et loco). Diese Aussagen haben nun zu heftigen Reaktionen auf römisch-katholischer Seite geführt. Sie werden als Abkehr vom ökumenischen Weg verstanden. Das Gespräch über das Amt werde damit erheblich zurückgeworfen, von einer Störung des ökumenischen Klimas war die Rede. Brücken seien niedergerissen worden.

2.10. In den vergangenen Tagen und Wochen gab es geradezu eine Papsteuphorie ungekannten Ausmaßes. Bei der Beerdigung von Johannes Paul II. trafen sich die Mächtigen der Welt, und Kirchenoberhäupter aus aller Herren Länder kamen – noch nie beispielsweise sah sich der Erzbischof von Canterbury gezwungen, zur Papstbeerdigung zu reisen. «Wir sind Papst», titelte in Deutschland die Bildzeitung letzten Mittwoch. Am Sonntag sagte ein Kommentator: «Das Oberhaupt von mehr als 2 Milliarden Christen wurde heute gekrönt». Du liebe Zeit, jede Differenzierung scheint zu schwinden! Kommt die Ökumene an ein Ende (oder ans Ziel?), weil die Medienwelt nicht differenzieren kann? Oder ist es nicht gerade Zeit, das Differenzieren wieder zu schätzen? Müssen nicht die alten Fragen doch wieder auf den Tisch: Kirchenverständnis, Weihepriestertum, Heiligenverehrung, Ablass? Wer das allerdings tut, kommt schnell in den Geruch des Neides oder der Spielverderberin. Kritische Anfragen auch daran, was das alles eigentlich mit dem Evangelium zu tun hat, stören allzu sehr. Und gleichzeitig schmerzt ja auch vieles weiterhin: Auch Pfingstmontag keine ökumenischen Gottesdienste erlaubt, an anderen Sonn- und Feiertagen nicht um 10 Uhr, selbst gemischtkonfessionelle Ehepaare dürfen nicht gemeinsam am Abendmahl teilnehmen...

Zehn kritische Situationen und Dokumente in nur sechs Jahren! Natürlich könnten wir uns jetzt zurücklehnen und verzweifeln und sagen, wir sind evangelisch bzw. römisch-katholisch bzw. orthodox, wir wissen warum und das aus gutem Grund. Lasst uns zurückkehren zu den feinen aber klaren Trennungen: orthodox, römisch-katholisch, reformatorisch. Das halte ich allerdings für einen Kurzschluss. Wir leben in einer Welt der Globalisierung. Da muss gefragt werden, wie nicht nur die einzelnen Kirchen, sondern die Christenheit insgesamt mitwirken will. Ich halte es für vollkommen falsch, in das große Lamento über die Säkularisierung einzustimmen und sich zurückzuziehen. Die Stimme des christlichen Glaubens wird gebraucht im Zeitalter der Globalisierung! Und: Jesus betet selbst im hohepriesterlichen Gebet (Joh 17), dass die Seinen alle eins seien. Er hat das Mahl der Gemeinschaft zu seinem «Markenzeichen» gemacht. Es gibt einen biblischen Auftrag zur Ökumene!

Und schließlich gibt es ja auch Aufbruchzeichen, denken wir etwa an die Charta Oecumenica, die von den europäischen Kirchen im Jahr 2002 beschlossen wurde. Oder ich denke an den ökumenischen Kirchentag in Berlin im Jahr 2003, der in Deutschland gezeigt hat, dass die Christinnen und Christen vor Ort längst mehr Ökumene wollen – und praktizieren! – als alle theologische Auseinandersetzung. Ich denke auch an die oft gute und selbstverständliche ökumenische Kooperation. Wir brauchen die Ökumene schlicht aus theologischen Gründen. Es gibt nur die eine geglaubte Kirche Jesu Christi, die wir im Apostolikum jeden Sonntag bekennen. Keine Kirche hat die Wahrheit, jede ist Zeugin der Wahrheit, die Jesus Christus selbst ist. Darin liegt der Grund und Motor der Ökumene. Das eigene Profil sollte gewahrt werden, unbedingt. «Rückkehrökumene» ist kein gangbarer Weg, sehr wohl aber «versöhnte Verschiedenheit». Aber wir sind auch verantwortlich für ein klares Zeugnis in der Welt. Daher in einem dritten Punkt die Herausforderungen und Chancen – trotz aller Engpässe – für die Zukunft in ethischer Sicht.

Doch zuvor, darum wurde ich speziell gebeten, ein Exkurs:

Und die Frauen?

Die Frauenfrage spielt in der Ökumene latent eine starke Rolle, auch wenn sie selten explizit genannt wird. Zunächst sage ich immer wieder, wenn jemand meint, die Frauenordination «auf dem Altar der Ökumene opfern» zu müssen: Das Amt der Männer in den Kirchen der Reformation ist genauso wenig anerkannt bei römischem Katholizismus und Orthodoxie wie das Amt der Frauen! Deutlich aber ist: Frauen im Amt sind für manche eine Provokation, ich selbst habe das mehrfach eindrücklich erlebt. Nach biblisch-theologischen Erwägungen aber gibt es keine Gründe gegen die Zulassung von Frauen zum Amt. Auch die anglikanische Kirche sieht das inzwischen so. Sie waren von Anfang an um Jesus (z. B. Lukas 8, Susanna), sie waren nach allen Evangelien die ersten, die der Auferstandene mit dem Verkündigungsauftrag ausstattete, sie haben von Anfang an Gemeinden geleitet (z. B. Römerbrief, Kapitel 16, Apostelin Junia). Von Anfang an passte das aber einigen nicht, auch das ist in der Bibel nachzulesen.

Heute ist es als ein nicht-theologischer Faktor durchaus das Frauenbild, das die Ökumene stört. Die Bilder aus Rom in den vergangenen

Tagen symbolisieren das. Kirche erscheint da im Bild als feierliche Versammlung älterer Herren, mal in weißen, mal in magentafarbenen, mal in roten Gewändern. Mit dem Verständnis des Priestertums aller Gläubigen hat das wenig zu tun. Aber diese Äußerung mögen Sie protestantischen Reflexen zuordnen. Das Amt als dienend und berufen, nicht geweiht, die Demut und Nüchternheit als Tugend – solche Überzeugungen eignen sich schlecht für die Fernsehwelt. Oder doch? Heute Morgen war ein Bild zu sehen – der Papst sitzt auf einem Thron neben all den Kardinälen. Vor ihm kniet eine Nonne und gelobt ihm stellvertretend für die ganze Kirche Gehorsam.

Als Bischöfin einer großen lutherischen Kirche mit 3,2 Millionen Mitgliedern kann ich nur sagen: Unsere Erfahrungen mit der Zulassung von Frauen zu *allen* Ämtern in der Kirche sind hervorragend. Nicht nur die biblisch-theologischen Grundaussagen, auch die Praxis ist überzeugend. Aber auch das war ein langer Weg. Die völlige Gleichstellung erfolgte erst 1978! Gut ein Viertel der Pfarrämter sind in meiner Landeskirche mit Frauen besetzt, auch Bischöfinnen sind anerkannt in den Gemeinden. Der jetzige Papst allerdings hat erst 1998 erklärt, wer die «unabänderliche Lehre» bestreite, die eine Zulassung von Frauen zum Priesteramt ausschließe, riskiere, dass diese Aussage zum unfehlbaren Dogma erhoben wird. (DIE ZEIT 21. 4. 05, S. 3). Ich bedaure das vor allem, weil es viele hervorragende katholische Theologinnen gibt, die auf Jahre ohne Perspektive sein werden hinsichtlich der Berufung, die sie wahrnehmen.

Und schließlich zu den Fragen von Empfängnisverhütung und Schwangerschaftskonflikt. Auf der Seite des ÖRK konnte ich 1994 die Weltbevölkerungskonferenz in Kairo mit vorbereiten. Der ÖRK war NGO, der Vatikan Staat. Deshalb kann auch nicht gesagt werden, das sei allein Sache der römisch-katholischen Kirche. Zugang zu Verhütungsmitteln ist wichtig für Frauen in den Ländern des Südens, Kondome sind für viele eine Überlebensfrage. Und bei allem Willen, Abtreibung zu verhindern, ist die Nicht-Ausstellung eines Beratungsscheins doch eher eine Zurückweisung der Frauen als eine Ermutigung zum Kind. Ich halte Verhütung für eine verantwortliche Form der Familienplanung, und weiß mich da mit vielen Katholikinnen und Katholiken einer Überzeugung. Als Luther eine Familie gründete, wollte er ja deutlich machen, dass Zölibat oder Keuschheit zwar eine mögliche, aber keine überlegene Lebensform ist. Und so haben wir alleinstehende Pastorinnen und Pastoren, aber auch die Familie im evangelischen Pfarrhaus. Und als Bischöfin mit vier Kindern erfahre ich das auch in meinem Amt als mögliche und lebensnahe Lebensform.

3 Die Zukunft der Ökumene

Kritik und Gestaltung sind für Protestanten die angemessene Haltung gegenüber der Gesellschaft. Das könnte ich mir als gemeinsamen Ausgangspunkt für alle Kirchen in Europa vorstellen. Es geht darum, Prozesse kritisch zu begleiten, weder sich völlig anzupassen noch vollkommen abzuschotten. Kritik ist die Fähigkeit des Unterscheidens. Und Gestaltung bedeutet: Wir lassen diese Welt nicht los, weil sie eben Gottes Welt ist. Europa beispielsweise kann doch nicht nur vom Geist des Euro und der Bürokratie geprägt werden. Europa braucht eine Seele! Und global gesehen: Wir brauchen nicht nur Weltpolitik und Weltwirtschaft, wir brauchen Weltethik!

Ein gemeinsamer Impuls der Kirchen wird nicht leicht zu verwirklichen sein. Jede unserer Kirchen ist nicht nur geprägt von ihrer Konfession und Tradition, sondern auch geprägt durch die Kultur, in der sie existiert. Die gemeinsamen Glaubensgrundlagen und das gemeinsame Menschenbild aber müssen in diese eine Welt eingebracht werden, denn es ist Gottes Welt, die uns anvertraut ist. Mir liegt daran, dass unsere Erfahrungen in Fragen von Gerechtigkeit, Frieden und Bewahrung der Schöpfung eingebracht werden in den Prozess der Globalisierung. Wir brauchen ethische Maßstäbe für unsere Welt, und ich bin überzeugt, dass das Christentum zu diesen Maßstäben beitragen kann. Einige Beispiele in zehn Punkten:

3.1 Immer mehr Menschen in Europa halten sich für von der Religion emanzipiert, und gleichzeitig boomt die Religion. Werbung ist voll von Religiosität und christlichen Bezügen. Wir haben die Aufgabe der Mission in Europa. Nicht in alten Kategorien, nein. Es geht darum, verständlich und glaubwürdig von Gott zu reden in Europa, eine Sprache zu finden für die Menschen unserer Zeit, die die biblischen Geschichten weitererzählen in unsere Zeit hinein. Christentum wie Judentum sind ja Erzählreligionen. «Wenn dein Kind dich morgen fragt...» (5. Mose 6,20), dann sollst du erzählen von deinen Gotteserfahrungen, vom lebendigen Gott.

Bei der Vollversammlung des Ökumenischen Rates 1998 in Harare sagte ein Mann aus Simbabwe: «Das ist merkwürdig, dass ihr glaubt, ein Mensch kann ohne Religion sein. Religion hat hier jeder Mensch. Das ist nicht immer die christliche. Aber ohne Religion kann ein Mensch doch nicht leben.» Ehrlich gesagt glaube ich, das gilt auch für Europa, nur: Die Menschen haben neue Religionen gefunden. Da ist die Esoterik, da ist die Fernsehkultur als Religion, die Konsumgesellschaft, die zur Religion wird. Die allererste Herausforderung für Christinnen und Christen heute ist, relevant von Gott zu sprechen. Eine Sprachfähigkeit müssen wir finden, die in das säkularisierte Europa die Relevanz des Transzendenten hinein sagt. Heute von Jesus Christus so zu sprechen, dass es den Menschen unmittelbar trifft, das ist wohl die größte Herausforderung. Und da gibt es dann keine Differenz mehr zwischen evangelisch, katholisch und orthodox. Das ist die Herausforderung, die wir gemeinsam tragen.

3.2 Andere Religionen sind zu respektieren. Wenn Muslime Moscheen bauen werden, werde ich mich als Christin dafür einsetzen. Gleichzeitig aber werde ich die Forderung erheben, dass Christinnen und Christen in Pakistan, Afghanistan, der Türkei Kirchen bauen können und auch dort Glaubensfreiheit leben können. Gerade gegenüber dem Judentum haben die christlichen Kirchen Europas schwere Schuld auf sich geladen. Hier zu sagen: Wir haben gelernt. Wir sind Verwandte im Glauben. Wer euch angreift, greift uns an, das ist von entscheidender Bedeutung. Ich bin tatsächlich überzeugt, dass wir dringend den Dialog zwischen den Religionen verstärken müssen. Das wird aber wohl nur möglich, wenn wir in einen ehrlichen Dialog kommen. Da muss ich als Christin sagen können, dass

Christus für mich der Weg, die Wahrheit und das Leben ist und eben nicht Allah, wie Mohammed ihn verstanden hat. Da müssen offene Fragen gestellt werden dürfen, beispielsweise nach der Rolle der Frau und nach der Scharia. Ein «Religionenmischmasch» allerdings führt nicht weiter. Da schreibt eine junge Frau im Internetforum unserer Landeskirche: «Möge der, welcher unser Vater für die Christen, Jahwe für die Juden, Allah für die Mohammedaner, Buddha für die Buddhisten, Brahma für die Hindus, möge dieses allwissende Wesen ... den Menschen Frieden geben und unsere Herzen vereinen.» Das ist ein im besten Sinne frommer Wunsch nach Frieden zwischen den Religionen und gerade in diesen Tagen verständlich. Aber er birgt die Gefahr der Religionsvermischung, die das Eigene nicht mehr kennt und so für den Dialog ja gerade nicht hilfreich ist, sondern eher Probleme verschärft.

3.3 Immer wieder geht es um die Frage, ob Gewalt ein Mittel zur Konfliktbewältigung sein kann. Nach biblischen und theologischen Maßstäben kann das meines Erachtens nicht begründet werden. Europa sollte gelernt haben aus der Gewalt, die – viel zu oft religiös legitimiert – hier getobt hat, von hier in andere Teile der Welt getragen wurde. Mir ist wichtig, dass Religion nicht missbraucht wird zur Konfliktverstärkung, sondern Faktor der Konfliktbewältigung wird. Das Christentum als Wahrzeichen der Gewaltfreiheit – da hätte die Ökumene ein Signal zu setzen! Die Ökumenische Dekade zur Überwindung der Gewalt, die im Jahr 2001 in Berlin eröffnet wurde, ist eine großartige Chance dazu. Dass im Irakkonflikt die Kirchen der Welt gemeinsam den Krieg verurteilt haben, scheint mir ein Fortschritt. Aufgabe der Kirchen ist es, zum Frieden zu rufen und nicht Kriege zu legitimieren.

3.4 Es geht um die Frage der Gerechtigkeit, der Solidarität der Starken mit den Schwachen, der Sozialpflichtigkeit des Eigentums. Das sind Maßstäbe, die wir auch weltweit einzuklagen haben. Wie lange wurde dafür gekämpft, dass nicht Klasse, Geschlecht, Herkunft, ethnische Zugehörigkeit entscheiden. Der biblische Maßstab der Gerechtigkeit ist die Situation des schwächsten Gliedes der Gemeinschaft. Da gibt es einiges aufzuholen, in einer Zeit, die eher danach fragt, wie es dem DAX geht als nach dem Nachbarn, in der Alleinerziehende, Behinderte, Alte an den Rand gedrängt werden. Ja, das Thema Gerechtigkeit ist auf der Tagesordnung.

3.5 Und es geht um die Bewahrung der Schöpfung. Wir können nicht nur bebauen und herrschen, wir müssen bewahren für andere Generationen, die nach uns folgen. Die christliche Ethik bietet ein nachhaltiges Konzept ökologischen Wirtschaftens an. Das biblische Zeugnis bietet ethische Maßstäbe, die wir einzubringen haben. Wir sind Haushalterinnen und Haushalter, die Gott rechenschaftspflichtig sind.

3.6 Der Maßstab der Menschenwürde ist von den Kirchen gemeinsam in der Debatte stets herauszustellen. Gerade in Fragen der Gentechnologie ist die Menschenwürde von zentraler Bedeutung und ein elementarer Bestandteil der ethischen Diskussion. Immer wieder wird argumentiert, die Maßstäbe eines Landes (z. B. England) würden Druck auf andere Länder ausüben. Da haben die Kirchen durch ihre transnationalen Verbindungen Chancen!

3.7 Die Bewältigung der Vergangenheit ist ein christliches Thema: Erinnere dich, gedenke! – das sind immer wieder Aufforderungen in der Bibel. Das betrifft in Europa und vor allem in Deutschland 60 Jahre nach Kriegsende die Zeit des Nationalsozialismus, der Zwangsarbeiterinnen und Zwangsarbeiter, den Antisemitismus und die Judenvernichtung, aber auch die Stalinzeit und die gesamte kommunistische Ära, den kalten Krieg. Aber ich denke auch an Ruanda, an den Sudan, an die Militärdiktaturen Lateinamerikas. Versöhnung in Gerechtigkeit – das ist Thema unserer Kirchen. Es geht darum, dass die Opfer gehört werden und die Täter dazu befreit, Schuld zu bekennen. Die christliche Tradition hat hierfür vieles anzubieten. Und sie könnte manches beitragen zum Zusammenwachsen in der globalisierten Welt.

3.8 Die Ökumene in Europa lebt vom Wissen, dass Menschen in allen Ländern und Völkern dieser Erde zu Gottes Welt gehören. Deshalb sind Flüchtlinge für Christinnen und Christen keine Schmarotzer, sondern biblisch gesehen Fremdlinge, die unsere Hausgenossen sein sollen und politisch gesehen Botschafter des weltweiten Elends. Und Menschen in anderen Ländern sind, wie der lateinamerikanische Theologe Hinkelammert betont, nicht «überflüssige Menschen auf überflüssigen Kontinenten», sondern Geschöpfe Gottes mit der gleichen Würde wie jeder Mensch. Gerade die Kirchen können dazu beitragen, jeweils den Blick von außen zu schärfen. Das finde ich immer wieder das Faszinierende an unserem Glauben, unserer Kirche: Sie existiert in allen Nationen der Erde. Das heißt, wir können einander als Schwestern und Brüder sehen über unsere kulturellen Unterschiede hinweg. In Christus ist nicht mehr Jude noch Grieche, schreibt Paulus im Galaterbrief (3,28). Auf dieser Grundlage kann Fremdheit bestehen bleiben und doch Freundschaft wachsen. Wir können das Vaterunser in vielen Sprachen und doch miteinander beten, uns Gott anvertrauen in allen unseren Ängsten und Nöten. Das Evangelium beheimatet sich in verschiedenen Kulturen auf unterschiedliche Weise. Und: Weil jeder Mensch Gottes Ebenbild ist, kann ich im anderen Gott erkennen. Das verpflichtet mich dazu, für die Würde jedes anderen Menschen, egal wo er lebt, einzutreten.

3.9 Die Medien! Der Tsunami hat angeblich die Menschen näher zusammen gebracht. Aber hätten wir uns hierzulande dafür interessiert, wären nicht so viele Opfer Touristen gewesen? Welche Macht geben wir den Medien, den Bildern? Und wie ist es um die Wahrheit bestellt?

3.10 Und schließlich noch einmal die Frauen. Sie werden weiterhin weltweit erniedrigt. Zwangsprostituierte werden in aller Welt gehandelt, Frauen sind Ware. Mit Frauenhandel wird heute mehr Geld verdient als mit Drogenhandel. Die Kirchen haben am biblischen Zeugnis neu gelernt: In Christus gibt es keine Differenz oder Abstufung, deshalb werden sie weltweit für die Rechte und die Würde der Frauen entschieden eintreten.

Ökumene im 21. Jahrhundert bedeutet für mich: Untereinander gesprächsfähig sein, Kontakte und Partnerschaften pflegen, einander zuhören und voneinander lernen. Wir werden lernen, dass wir in die *eine* Kirche Jesu Christi hinein taufen. Dass wir die Ämter gegenseitig anerkennen und einander zumindest gastweise zur Abendmahls- bzw. Eucharistiefeier einladen. Das Modell der Leuenberger Konkordie von 1973 scheint mir da maßgebend. Das wäre die Grundlage für den innerkirchlichen Bereich. Gleichzeitig ist es wichtig, dass die Kirchen nach außen und gemeinsam klare ethische Maßstäbe einbringen. Unsere innerkirchlichen Differenzen sind für die Welt vollkommen uninteressant. Die Kontinentalen Räte der Kirchen und der Ökumenische Rat der Kirchen dürfen nicht nur Treffpunkte sein, sondern Orte, an denen die christliche Stimme über nationale Grenzen hinweg artikuliert wird.

Allzu oft haben die Kirchen kooperiert, wenn ethnische oder politische Auseinandersetzungen unendliches Leid über Menschen brachten – in der Zeit der Kreuzzüge, des Kolonialismus und Imperialismus, der Weltkriege, der Diktaturen und Bürgerkriege. Könnte nicht das neue Jahrhundert ein Neubeginn sein, den die Ökumene mitgestaltet? Sie mögen mich für naiv halten, aber ich habe Hoffnung für die Ökumene und auf energische Impulse unserer Kirchen im Zeitalter der Globalisierung. Es geht um neue, menschengerechte Maßstäbe.

Nun, ich werde evangelisch-lutherisch bleiben. Das *sola fide, sola gratia, solus Christus* ist tief in mir verwurzelt. Mir sind alle Heiligkeiten bei Menschen fremd, Heiligenverehrung schon gar und Ablassfragen ohnehin. Für mich ist jeder Christ, jede Christin Stellvertreter oder Stellvertreterin Gottes auf Erden. Aber ich sehe: Uns verbindet mehr, als uns trennt. Wir glauben, dass Jesus Christus der Weg, die Wahrheit und das Leben ist. Ich kann von Katholiken lernen in Fragen der Sinnlichkeit und der Spiritualität, und von Orthodoxen bezüglich Feierlichkeit der Liturgie. Ich denke, sie können vom Protestantismus die Schärfe des Verstandes und die Verantwortung des Einzelgewissens als Ansätze spannend finden. Vielleicht folgt auf das Jahrhundert der Ökumene erst einmal Ernüchterung: Wir werden verschieden bleiben. Hoffentlich aber folgt auch das tiefe Bewusstsein der Gemeinschaft: In der Nachfolge sind wir so vielfältig wie die ersten Jüngerinnen und Jünger von Susanna bis Petrus, von Paulus bis Lydia. Die Menschheit heute muss den Willen entwickeln, miteinander zu teilen in der einen Welt, in der wir leben. Dass Gottes Geist die Kirchen mit der Kraft erfüllt, diesen Prozess gemeinsam mitzugestalten, darauf vertraue ich.

Cornelio Sommaruga

Globalisierung der Verantwortung – mehr Menschlichkeit für die Menschheit

Luzern, 2. Mai 2006

«Weil wir in unseren Religionen, oder aus persönlicher Überzeugung, gemeinsam die Würde der menschlichen Person respektieren, weil wir in unseren Religionen, oder aus persönlicher Überzeugung, gemeinsam Hass und Gewalt ablehnen, weil wir in unseren Religionen, oder aus persönlicher Überzeugung, gemeinsam auf eine bessere und gerechtere Welt hoffen, rufen wir Vertreter der Glaubensgemeinschaften und der Zivilgesellschaft, die Führer der Welt auf – was auch immer ihre Einflusssphäre ist – an den folgenden drei Prinzipien absolut festzuhalten:
- Ablehnung, sich auf eine religiöse oder spirituelle Macht zu berufen, um irgendwelche Gewalt zu rechtfertigen,
- Ablehnung, sich auf eine religiöse oder spirituelle Macht zu berufen, um Diskriminierung und Ausschluss zu rechtfertigen,
- Ablehnung, andere auszubeuten oder zu beherrschen durch Kraft, intellektuelle Stärke, spirituelle Überzeugung, Reichtum oder soziale Stellung.»

Ich habe Ihnen den «Appel Spirituel de Genève» vorgelesen, welcher am 24. Oktober 1999 durch alle in Genf vertretenen Religionen und Konfessionen und von Vertretern der zivilen Gesellschaft (ich war damals dabei) in der Cathédrale de St. Pierre verkündet wurde. Es war ein dringender Appell für mehr Menschlichkeit für die Menschheit. Aber warum soll das gerade in der Jesuitenkirche zu

Luzern, von einem Ihnen wohl kaum bekannten Mann erneut verkündet werden, ausgesprochen im Rahmen einer Otto-Karrer-Vorlesung?

In der Tat hatte ich gezögert, dem Ruf der Theologischen Fakultät der Universität Luzern nachzukommen, heute zu Ihnen zu sprechen, da ich mich fragte, was ich mit dem Luzerner Theologen Otto Karrer in irgendeiner Art gemeinsam hätte. Natürlich bewundere ich ihn für sein Lebenswerk und für seine große Ausstrahlung. Und ich hatte auch eine Erfahrung mit dem Jesuitenkollegium, an dem ich in Rom mein Matura-Studium absolvierte, was mein künftiges Leben aber – so glaube ich zumindest – nur mäßig beeinflusste. Viel stärker prägten mich die Montessori-Primarschule und die Pfadfinderbewegung, aber sicher auch die Trennung der Familie in den letzten Kriegsjahren. Während dieser Jahre leitete mein Vater in Rom in der Schweizerischen Gesandtschaft die Sektion für fremde Interessen, und meine Mutter lebte mit uns Kindern auf dem Monte Ceneri im Tessin. In dieser Zeit wurde ich als Zwölfjähriger durch die vielen in der Schweiz internierten Israeliten und diejenigen, die mein Vater in Rom bei sich beherbergte, Zeuge – wenn auch nur indirekt – von der Judenverfolgung. Damals habe ich auch als Jugendlicher die Schweiz entdeckt! Ich bin in der Tat ein atypischer, aber doch echter Schweizer, ein den ekklesialen Organisationen, ja sogar dem Vatikan nahe stehender, frieddenkender Katholik, ein am interreligiösen Dialog interessierter Christ, ein gegen Marktfundamentalismus kämpfender früherer Staatssekretär für Außenwirtschaft, ein für Menschlichkeit eintretender Weltbürger, ein Tessiner – und ursprünglich Auslandschweizer –, der früh verstanden hat, dass die Öffnung zu den Schweizern anderer Sprachen und zur Welt, Nord und Süd, West und Ost, einen wahren Reichtum bedeutet.

Der Islam sagt: «Reichtum soll jederzeit in den Dienst des Herrn gestellt werden. Verdammt ist, wer seine Schätze an schlechte Werke verschwendet. Reichtum darf nie ablenken vom Dienste Gottes!» In der Tat bin ich der frühere bilaterale und multilaterale Diplomat, der Handelsunterhändler, der in die humanitäre Diplomatie geraten ist, und nun seit sieben Jahren im – wie ich behaupte – konstruktiven

Unruhestand ist. Und ich bin glücklich und danke jeden Tag dem allmächtigen Gott für die Hilfe, die ich – mit der Unterstützung meiner Eltern, meiner Frau, meiner sechs Kinder und meiner nun fünfzehn Enkelkinder – erhalten habe, meine Lebensprinzipien umzusetzen: «Servire, difendere la dignità umana, vivere in e per la famiglia». Dienen: wem? Dem Herrn und durch Ihn meinem Nächsten, da die Menschheit ein Volk, eine Familie ist. Ist das leicht? Nein! Ich denke z. B. an meine Zeit als Delegierter für Handelsverträge und später als Direktor der Handelsabteilung zurück, wo es für mich immer wichtig war, hinter den Handelsvereinbarungen den Menschen zu sehen, nicht nur auf meiner Seite, sondern auch die Menschen hinter meinen Verhandlungspartnern.

Im Übrigen gab ich mir früh Rechenschaft, dass die Ökumene auch von den Nicht-Theologen praktiziert und verkündet werden sollte. Ich betrachtete – und tue es auch immer noch – die Trennung unter Christen als etwas Unglaubliches, ja Unverständliches und Skandalöses. Jesus Christus sagt uns im Johannes-Evangelium: «Nicht ihr habt mich erwählt, sondern ich habe euch erwählt und dazu bestimmt, dass ihr euch aufmacht und Frucht bringt und dass eure Frucht bleibt!» So wurde für mich der Sprung vom Jesuitenkollegium zur Zwingli-Universität Zürich nicht besonders schwierig, vielmehr sogar eine Bereicherung und Stimulierung, so z. B. auch, als ich Pfarrer Peter Vogelsanger – einem Freund von Otto Karrer – begegnete und später auch einige seiner Predigten im Fraumünster erlebte. Hier – wie auch in meiner Zeit als junger Botschaftssekretär in Rom am Ende des Zweiten Vatikanischen Konzils, mit vielen Kontakten in der Zeit des «aggiornamento» zu den teilnehmenden Bischöfen, aber auch zu Beobachtern, wie z. B. Hans Küng und Frère Roger von Taizé – besteht sicher eine mindestens geistige Begegnung mit Otto Karrer und seinem langen Wirken in der «ökumenischen Katholizität», wie er es selber nennt. In den letzten 12 Jahren hat mich diese ökumenische und religiöse Sensibilität – wie andere in dieser Kirche – zum aktiven Mitwirken bei den internationalen Friedenstreffen «Uomini e Religioni» der Gemeinschaft Sant'Egidio bewogen, was mir Freude gemacht hat.

Schon als Jugendlicher hatte ich, als ich als Pfadfinder die ersten Führungsverantwortungen übernahm, Gelegenheit, die Parabel des barmherzigen Samariters zu hören und dann immer wieder zu betrachten, zu meditieren und als Vorbild zu nehmen; sehr präsent war sie mir bei meinen vielen Pilgerfahrten mit Kranken nach Lourdes, an denen meine Mutter als Krankenschwester und ich als Krankenträger teilnahmen. Sie kennen die Geschichte des Mannes, der von Jerusalem nach Jericho ging, von Räubern überfallen, geschlagen und ausgeraubt wurde; halbtot ließen die Räuber ihn liegen. Ein Priester kam des Weges entlang, sah den Mann und ging weiter; dann kam ein Levit, auch er hielt nicht an. Das erinnert an die Formulierung Dantes: «Non ti curar di loro, ma guarda e passa». Widerlich! Dann kam der dritte Mann einher, ein Samariter, also ein Fremder, der sich um den verletzten Mann kümmerte, ihn pflegte und seine Wunden verband. Das war der erste Schritt seines Aktes der Menschlichkeit: Er half ihm auf die Beine und brachte ihn zu einer Herberge; dem Wirt gab er sogar Geld, um sich um den geschwächten Mann zu kümmern. Hier werden die Rotkreuzgrundsätze erkennbar, nämlich nebst der Menschlichkeit die Unabhängigkeit (niemand sagte dem Samariter, er solle den Krankenpfleger spielen), die Neutralität (es wurde nicht nach den Schuldigen gesucht oder gefragt, indessen einfach und rasch humanitär gehandelt), die Unparteilichkeit (der vorbeilaufende Geschäftsmann aus Samarien hatte keine Hemmungen, den Fremden zu pflegen, und fragte nicht, woher er stammte)! Und Jesus sagt am Ende seiner Erzählung: «Geh und handle genauso»!

Sie können verstehen, dass ich mich im Internationalen Komitee vom Roten Kreuz in meinen mehr als 12 Präsidialjahren wohl fühlte, obwohl ich mitten in den Leiden der Opfer von bewaffneten Konflikten, in der Demütigung von politischen Gefangenen, in der Heuchelei der vielen Staats- und Regierungschefs, Generäle und Minister, Rebellenführer und Warlords, die ich getroffen habe, stand. Ich musste aber auch erleben, wie junge Leute, die sich mit dem Schutzemblem des Roten Kreuzes als echte Samariter im Felde bewegten, brutal niedergeschossen wurden. Hart ist es, wenn man die

Leiden von Menschen kennt, die menschlichen, finanziellen und logistischen Ressourcen hat, zu schützen und zu helfen und dann aus politisch-militärischen Gründen daran gehindert wird. Es war ein ständiger Kampf – wie in so vielen anderen Fällen auch außerhalb des Roten Kreuzes, auch im täglichen Leben in unseren Städten –, die menschliche Würde zu schützen. Im Sikkismus findet sich die Maxime: «Mutig ist, wer seine Stärke nicht zur Schau stellt und bescheiden lebt. Mutig ist, wer für die Unterdrückten eintritt!» Mein Leben jedenfalls, insbesondere die Jahre mit dem IKRK, waren für mich eine ständige Herausforderung für mehr Menschlichkeit für die Menschheit.

Die Berufung, die präsidiale Funktion dieser ganz besonderen humanitären Institution zu übernehmen, kam ganz überraschend, war ich doch seit etwas mehr als zwei Jahren Staatssekretär für Außenwirtschaft und hatte mich gerade im weltweiten geographischen Feld meiner Aktivitäten eingelebt: mit Vertretern von Handel und Weltfinanzen, mit meinem neuen Chef, dem EVD-Bundesrat, und auch mit den Problemen der Dritten Welt und ihrer Entwicklung. Als ich die Frage zu beantworten hatte, ob ich akzeptiere oder nicht, wusste ich, dass meine Demission in Bern manchen Mitgliedern des Bundesrates und vielleicht auch gewissen Wirtschaftskreisen keine Freude machen würde. Meine Frau und meine sechs Kinder waren aber ausschlaggebend: Als sie an einem Wochenende, von den verschiedenen Universitäten, wo sie studierten oder studiert hatten, nach Bern kamen, war ihr Rat klar: Du musst es machen. In der Tat wussten sie mehr vom IKRK als ich. So habe ich schließlich ja gesagt und in Bern Ende 1986 demissioniert. Ich habe die Devise gewählt: «Constance, Rigueur et Humilité» (Beharrlichkeit, Strenge, Demut), da ich sofort begriffen hatte, dass die größte Herausforderung gerade in der Leitung der Institution lag: ein Verein nach schweizerischem Recht mit maximal 25 kooptierten Mitgliedern – alle Schweizerbürger –, welcher von der internationalen Gemeinschaft durch die von mehr als 190 Ländern ratifizierten Genfer Konventionen ein Mandat erhalten hat, die Opfer von bewaffneten Konflikten überall zu schützen und ihnen beizustehen. Als ich am Tag meines 67. Geburtstages, den 29. Dezember 1999, den «Präsidialschlüssel» symbolisch meinem Freund und Nachfolger Jakob Kellenberger übergab, hatte der Personalbestand am Hauptsitz in Genf kaum zugenommen. Innerhalb der dreizehnjährigen Zeitspanne war die Zahl der Mitarbeiter im Felde allerdings um 300 % auf mehr als 10.000 und die Zahl der Delegationen auf 60 angewachsen. Auch das Budget war im Verhältnis 1 zu 3 gewachsen: von 340 Mio. CHF 1987 auf eine Milliarde CHF für das Jahr 2000.

Meine ständige Forderung während meiner ganzen IKRK-Präsidentschaft gegenüber den 180 Nationalen Rotkreuz- und Rothalbmondgesellschaften und den 190 und mehr Signatarstaaten der Genfer Konventionen, aber auch gegenüber der öffentlichen Meinung war: «Mehr Menschlichkeit für die Menschheit». Verantwortung und Solidarität waren die von mir meist geforderten Werte. Darum mein Aufruf für die Globalisierung der Verantwortung.

Was meine ich mit dem Ausdruck «Globalisation of Responsibilities», den ich immer zu verwenden pflege? Ich meine, dass in einer Zeit, in der Wirtschafts-, Handels- und Finanztransaktionen unaufhaltsam globalisiert werden und die Kybernetik in alle Aspekte unserer weltweiten Kommunikation und in viele weitere Bereiche unseres täglichen Lebens eintritt, der Aspekt Verantwortung zunehmend an Bedeutung gewinnt. Diesen Aspekt müssen wir uns ständig vor Augen halten, wenn die Würde des einzelnen Menschen des Öfteren zugunsten von Profit und egoistischem Wohlbefinden vergessen wird, oder auch dann, wenn der Markt fundamentalistisch verabsolutiert wird und die Marktwirtschaft mit ungezügeltem Liberalismus missbraucht wird. Ja, es geht zunächst um die Verantwortung, vor allem der Nationalstaaten mit all ihren Organen. Aber da die Regierungen in der Globalisierung eingeschränktere Aktions- und Reaktionsmöglichkeiten haben, wird die Verantwortung der Zivilgesellschaft, der Wirtschaftskreise, der Religionen, der akademischen Welt und vorab die Verantwortung des Einzelnen besonders wichtig. Wir müssen die Zeit finden, um unsere Verantwortung wahrzunehmen, indem wir uns die geistigen und moralischen Wertvorstellungen, die wir zu verteidigen wünschen, immer wieder neu vor Augen halten.

Und in diesem Zusammenhang ist «menschliche Sicherheit» das zentrale Thema, dem wir zuvorderst unsere Aufmerksamkeit schenken sollen. Damit meine ich die Sicherheit des einzelnen Menschen, und zwar von Frauen, Männern, Kindern, von Alten und Schwachen – ihre physische und geistige Sicherheit, ihr wirtschaftliches und soziales Gebaren, die Achtung ihrer Würde und Menschenrechte, aber auch ihrer Freiheiten als Individuum, insbesondere ihrer geistigen und religiösen Ausrichtung.

Die Betrachtung der Verantwortung und deren Globalisierung sind für die Sicherheit der Menschen nach den schrecklichen Terrorakten des 11. September 2001 sogar noch wichtiger geworden. Menschliche Sicherheit beginnt mit der dringenden Lösung der großen Weltprobleme, die so oft die Ursache für individuelle und blinde Gewalt bilden. Ich meine damit die echte und sehr besorgniserregende Armut, durch welche annähernd ein Viertel der Weltbevölkerung marginalisiert und von einer akzeptablen, selbst nur bescheidenen Existenz ausgeschlossen ist. Die enormen sozialen Ungleichgewichte existieren aber nicht nur zwischen Nationalstaaten, sondern auch innerhalb vieler Länder. In dieser Beziehung hat mich ein Satz des kürzlich erschienenen «Human Development Report 2005» schockiert, der besagt: «One fifth of humanity live in countries where many people think nothing of spending $ 2 on a cappuccino. Another fifth of humanity survive on less than $ 1 a day and live in countries where children die for want of a simple anti-mosquito bed net». Ich möchte auch die weltweit sich ständig verschlechternde Umweltsituation aufführen. Auch hier werden Mensch und Natur weitgehend ignoriert, mit dem Ziel, wirtschaftliche Entwicklung und unternehmerischen Gewinn selbst auf Kosten ethischer Wertvorstellungen zu fördern. Ich meine den Handel mit Menschen zum Ziele der Prostitution oder den Handel mit Drogen, ebenso die Proliferation von Waffen – insbesondere kleiner und leichter Waffen –, sowie die weiterhin – wenn auch limitierte – Verwendung und den Handel mit Landminen. Dies alles sind Ursachen von Korruption und Gewalt. Ich denke, dass solche und andere weltweite besorgniserregende Probleme nicht mit Worten allein gelöst werden können. Alles, was ich genannt habe, führt Millionen von Menschen in Unsicherheit. Aus Unsicherheit entsteht Verzweiflung, und der Schritt zur Gewalt, vielleicht auch zum Terrorismus, ist nicht weit. Im Buddhismus gibt es eine Maxime, die in Erinnerung zu behalten gut tut: «Bleibe Deiner Verantwortung in jeder Lebenslage treu. Gewissenhaftigkeit in der Verantwortung führt zu den besten Ergebnissen.» Und im Konfuzianismus ist es noch schärfer: «Menschenpflicht kommt vom Himmel. Sie zu missachten birgt Gefahr. Der Weise erwählt es sich zum Ziel, seine Verantwortung immer und überall zu erfüllen». Für mich als Schweizerbürger ist es wichtig, an unsere (relativ neue) Bundesverfassung zu erinnern, welche von «Solidarität und Offenheit gegenüber der Welt» spricht und dem Bund die Aufgabe überträgt, «zur Linderung von Not und Armut in der Welt … und zur Erhaltung der natürlichen Lebensgrundlagen» beizutragen. In der jetzigen innerschweizerischen Diskussion über das Flüchtlingsgesetz und anderes mehr ist diese Verfassungsbestimmung in Erinnerung zu rufen; die historischen Fehler im Zweiten Weltkrieg mit dem ominösen Satz: «Das Boot ist voll» dürfen nicht vergessen werden. Wir haben des Öfteren gehört und gesagt: «Niemals mehr!» Seien wir konsequent und handeln entsprechend. Ich rufe also aus: «Res, non verba».

Ich möchte dazu die Schlussworte des Berichtes «The Responsibility to Protect» zitieren, welchen eine Gruppe von 12 unabhängigen Persönlichkeiten zur Problematik von Souveränität und Intervention verfasste und im Dezember 2001 dem UNO-Generalsekretär überreichte. Dort sagen wir:

> «Wenn wir denken, dass alle Menschen in gleicher Weise berechtigt sind, vor Verhalten geschützt zu werden, welches das Gewissen von uns allen schockiert, dann müssen wir von Rhetorik zur Realität, von Grundsätzen zur praktischen Aktion übergehen. Wir können uns nicht mit Berichten und Erklärungen begnügen. Wir haben zu handeln!»

Bedeutet dies vorbeugende Kriegsführung? Sicher nicht. Unsere Kommission war sich in dieser Hinsicht einig. Auch der Einsatz von

Militär zum Sturz eines nicht demokratischen Regimes wurde abgelehnt. Krieg zu führen, und zwar jede Art von Krieg, ist immer ein Rückschritt, ein Rückschlag für Demokratie, Entwicklung und Verständigung. Ich möchte sogar noch weiter gehen: Es ist eine Niederlage für die gesamte Menschheit! Stattdessen wäre der Einsatz für menschliche Sicherheit absolut vorrangig, um die gravierenden Unsicherheitselemente innerhalb der Weltbevölkerung zu meistern. Unsicherheit – ich wiederhole es – führt in der Regel zu Hoffnungslosigkeit. Und in der Folge ist der Schritt zu Gewalttätigkeit und Terrorismus dann nicht mehr weit!

Lassen Sie mich auf meine Rotkreuzarbeit, die immer durch die Trilogie «Unabhängigkeit, Neutralität und Unparteilichkeit» inspiriert wurde, zurückkommen. Treu meinem IKRK-Motto *Constance, Rigueur, Humilité* habe ich gespürt, dass viel mehr für den Frieden getan werden sollte. Konflikten muss vorgebeugt werden. «Selig, die Frieden stiften, denn sie werden Söhne Gottes genannt werden», sagt uns das Matthäus-Evangelium. Sollen wir uns gegenüber so viel Ungerechtigkeit in der Welt und so viel Gewalttätigkeit, so vielen anhaltenden bewaffneten Konflikten – zum Teil vergessenen Konflikten – passiv verhalten? In Krisensituationen fehlt es des Öfteren an einer Perspektive der Hoffnung. Eine solche Hoffnung kann nur aus einer Atmosphäre des Vertrauens entstehen, mit gegenseitigem Respekt. Das heißt Zuhören mit viel Toleranz und Bereitschaft zum aufrichtigen, ehrlichen Dialog. Es wird immer notwendiger, die Anstrengungen zum Aufbau von Wegen, die zum Frieden führen, zu fördern. Alle, ich betone es – nicht nur Politiker und Regierungen, sondern auch die Zivilgesellschaft, insbesondere die Konfessionen und Religionen und natürlich jeder und jede Einzelne –, sind aufgerufen, für die Stärkung der menschlichen Sicherheit auf breiter multilateraler Ebene zu wirken. Prioritäten lauten: Schutz von Kriegsopfern, aber auch von Personen, die der Proliferation von Waffen ausgesetzt sind; eine aufrichtigere internationale Zusammenarbeit in Sachen Migranten, die nicht Flüchtlinge sind. Hierzu möchte ich auch die Notwendigkeit eines gerechten Handels, einer medizinischen Versorgung für alle sowie der Förderung einer allgemeinen

Schulbildung erwähnen. Lassen Sie mich auch wieder, und dies mit Nachdruck, zu einem stärkeren Engagement aufrufen, um überall auf diesem Planeten ein Minimum an angemessenen Lebensbedingungen zu schaffen. Das ist ein Programm, das nur glaubwürdig sein kann, wenn kollektive Anstrengungen von öffentlichen und privaten Akteuren sowie der Zivilgesellschaft gefördert werden und somit effektive und angemessene Mittel mobilisiert werden können. Diese Hoffnung muss nie preisgegeben werden. Vor ein paar Monaten stieß ich in New York auf einen markanten Satz des evangelischen Theologen Dietrich Bonhoeffer, der 1943 aus dem Gestapo-Gefängnis in Berlin Allredistraße handschriftlich festhielt: «Von guten Mächten wunderbar geborgen, erwarten wir getrost, was kommen mag. Gott ist bei uns am Abend und am Morgen und ganz gewiss an jedem neuen Tag!»

Ich möchte in diesem Zusammenhang auf die Verantwortung in der Zeit der Globalisierung zurückkommen. Wenn Regierungen und Parlamente nicht in der Lage sind, die wenigen sehr starken multinationalen Unternehmen durch nationale Normen zu kontrollieren, dann entsteht fraglos die Dringlichkeit auf multilateraler Ebene, angemessene Gegenmaßnahmen zu entwickeln. Ich gehe mit Klaus Schwab – dem Patron des Davoser WEF – einig, wenn er sagt: «Eine Welt, die ausschließlich von der Wirtschaft beherrscht wird, bei der alles Gesellschaftliche der Wirtschaft untergeordnet wird, hat keine menschliche Zukunft.» Ich glaube, dass internationale Institutionen gestärkt werden sollten. Vielleicht ist die Zeit auch gekommen, Organisationen wie die Weltbank, den Internationalen Währungsfonds, und warum nicht auch die Welthandelsorganisation, untereinander besser zu koordinieren und ihr Bewusstsein dahingehend zu verändern, dass der Mensch nicht da ist, um der Volkswirtschaft zu dienen, sondern dass die Wirtschaft ihr Dasein hat, um die legitimen Bedürfnisse der Menschen dauerhaft zu befriedigen.

Ist dies Utopie? Ich meine nein! Obwohl die Globalisierung bei vielen Menschen das Gefühl von Isolation und Unsicherheit verstärkt, kann jeder Einzelne von uns, davon bin ich fest überzeugt, einen Beitrag zur Schaffung einer Gesellschaft leisten, in welcher das

Leben jedes Einzelnen aufgewertet und die Hoffnung auf künftige Gerechtigkeit gewährleistet wird. Das Projekt Weltethos von Hans Küng hat mich seit dem Parlament der Weltreligionen von 1993 immer interessiert, gerade da er die Weltreligionen aufmuntert, einen Konsens gemeinsamer Werte zu finden, als Basis für interpersonelle Beziehungen. Solche Werte, wie: «Jeder Mensch muss mit Menschlichkeit behandelt werden», oder: «Spreche und handle in Vertrauen», müssen verbreitet werden. Im Islam besagt der Koran: «Lebe ein gerechtes und ehrliches Leben. Gott ist gerecht und erwartet dasselbe von seinen Gläubigen. Handle gerecht, immer und unter allen Umständen.» Wenn wir die heutige Menschheit betrachten, müssen wir leider feststellen, dass wir in einer moralischen Krise leben. Ja, wenn wir in einer friedlichen und gerechten Welt zusammenleben wollen, braucht es moralische Werte. Und gerade bei der Wirtschaft ist man in den letzten Jahren, wegen des Fehlens von klaren Wertvorstellungen, mit einer echten Vertrauenskrise konfrontiert worden. Wir brauchen Ethik als Grundeinstellung. Sie fehlt in Politik und Wirtschaft zu stark.

Ich komme in diesem Zusammenhang auf meinen Einsatz – und den von vielen anderen in dieser Kirche versammelten engagierten Persönlichkeiten und Freunden – in der weltweiten Bewegung der «Moralischen Aufrüstung», die nun seit fünf Jahren «Initiativen der Veränderung» heißt. Die in unserem Mountain House in Caux über Montreux veranstalteten internationalen Konferenzen wollen ethische Werte in der Gesellschaft propagieren, Ursachen von Armut und Korruption angehen, Verbindungen zwischen Menschen von verschiedenen Kulturen und Glaubensrichtungen knüpfen und ethisches Engagement in Unternehmen und im Berufsleben fördern. Uns geht es in dieser Bewegung, die in mehr als vierzig Ländern verankert ist, prioritär darum, für persönliche Versöhnung in von Bürgerkriegen geplagten Ländern zu arbeiten und uns damit für Friedensbildung und Friedenskonsolidierung einzusetzen. Unser ehemaliger Caux Palace eignet sich großartig dafür und hilft, die individuelle Spiritualität zu fördern: Auch interreligiöse Zusammenkünfte, nicht nur von Klerikern, haben dort mit Erfolg stattgefunden. In diesem Jubiläumsjahr, wo wir seit sechzig Jahren internationale Konferenzen in Caux durchführen, steht unsere Zusammenkunft unter dem Thema «Integrität globalisieren und persönlich verankern». Wir wollen beitragen, die Menschheit zu verändern, wissen aber, dass unsere erste Aufgabe darin besteht, uns selbst zu verändern!

In den letzten Jahren haben wir in Caux immer wieder betont, dass menschliche Sicherheit durch multilaterale Diplomatie erreicht werden kann und muss. Ich meine, dass die verantwortliche Rolle dieser Diplomatie sehr stark zugenommen hat, und dass es notwendig ist, sie aufrechtzuerhalten und zu fördern. Das Phänomen der Globalisierung wird sich auch diesbezüglich auswirken. Bilaterale Verhandlungen zwischen Staaten haben an Bedeutung verloren und sind weitgehend von multilateralen Verhandlungsprozessen abgelöst worden. Dies ist insbesondere für kleinere Staaten von Bedeutung. Auch eine wirtschaftliche und militärische Großmacht kann sich dem auf die Dauer nicht entziehen. Kollektive Sicherheit bedeutet heute gemeinsame demokratische, also in den Verfassungen der Staaten verwurzelte Sicherheit. Die Schweiz hat sich seit ihrer jungen UNO-Mitgliedschaft mit multilateralen Initiativen, insbesondere im Bereich Menschenrechte und Friedensförderung erfreulicherweise profiliert.

Mehr Menschlichkeit für die Menschheit! Das fordert den Einsatz von jedem von uns. Papst Johannes Paul II hat sich in seiner Friedensbotschaft zu Neujahr 2004 so ausgedrückt:

«Für uns Christen ist die Aufgabe, uns selbst und die anderen zum Frieden zu erziehen, ein Wesenszug unserer Religion. Den Frieden zu verkünden bedeutet nämlich für den Christen, Christus, der ‹unser Friede ist› (Eph 2,14), und sein Evangelium, das ‹Evangelium vom Frieden› (Eph 6,15), zu verkündigen, als auch alle an die Seligpreisung zu erinnern, ‹Friedensstifter› zu sein (vgl. Mt 5,9).»

Und Chiara Lubich sagte uns 2003 in Caux anlässlich ihres Besuches der Konferenz von «Initiativen der Veränderung»: «Die Herzen müssen bewegt werden, die Herzen müssen zur Gemeinschaft geführt werden! Es gibt keinen Frieden ohne ‹Fraternità› – Geschwisterlichkeit.» An den Schluss stelle ich ein Zitat aus einer Schrift Otto Karrers, «Schicksal und Würde des Menschen», das ich als Rezept für die Menschheit betrachte:

«Achte dich selbst: Wirf dich nicht weg an das Gemeine! Achte jeden: Ehre in jedem Gottes Geschöpf! Liebe die Deinen und sei gut zu allen! Liebe die, die dir zu lieben gegeben sind und dich wiederlieben!»

Wolfgang Schäuble

Staat und Islam in Europa

Luzern, 4. Mai 2007

Heute vor 514 Jahren legte Papst Alexander VI. in der Bulle *Inter caetera* die Demarkationslinie zwischen spanischen und portugiesischen Gebieten in der Neuen Welt fest. Wohlgemerkt, der Papst grenzte weltliche Territorien ab – auf Bitte einer europäischen Großmacht. Zu dieser Zeit teilten Staat und Kirche selbst Gebiete auf, die man noch gar nicht entdeckt hatte. So funktionierte das damals mit der globalen Integration: einfach den Meridian auf 38 Grad West verschieben, und alles westlich davon – einschließlich Amerika –, was noch gar nicht so richtig entdeckt war, wurde spanisch, und alles östlich – Afrika und Asien – wurde portugiesisch. Wiederum auf den Tag genau ein Jahr später, am 4. Mai 1494, landete dann der italienische Seefahrer in spanischen Diensten Cristóbal Colón, genannt Kolumbus, auf der neu entdeckten, also spanischen Insel Jamaika.

In dieser Zeit, Ende des 15., Anfang des 16. Jahrhunderts, wäre eine Rede zum Thema «Staat und Islam in Europa» schnell zu Ende gewesen. «Der Staat» wäre damals mehr oder weniger feudalistisch gewesen, «das Christentum» als Religion des Westens einheitlich durch den Papst repräsentiert und der Islam die Bedrohung vor den Toren Wiens. Der Weg der Trennung von Staat und Religion ist in der Zwischenzeit in Europa ein blutiger gewesen, und es bedurfte noch einer langen, oftmals von Gewalt geprägten Geschichte, bis in Europa freie Bürger verschiedenen Glaubens friedlich miteinander und nebeneinander leben konnten. Wir brauchten ja gar nicht den Islam zum Streiten. Das hatten wir schon zwischen den christlichen Konfessionen hinreichend geschafft.

Zwar wurden 1555 mit dem Augsburger Religionsfrieden die ersten Schritte auch hin zur Religionsfreiheit gemacht. Doch erst nach 30 grausamen Jahren eines innereuropäischen Krieges kam man 1648 zu der Erkenntnis, dass Staaten souveräne Gebilde sein sollten, die ihre inneren Angelegenheiten selbst regeln. Dass diese Grundvoraussetzung unseres modernen Staatsbegriffes – nationale Souveränität – in ihrer Übersteigerung auch nicht ohne Probleme war, zeigt die europäische Geschichte mit all ihren Kriegen bis weit ins 20. Jahrhundert hinein.

Und jetzt löst sich diese Ordnung – die wir uns angewöhnt haben, die westfälische Ordnung zu nennen – in der Globalisierung, in Zeiten von *failing states*, internationalem Terrorismus und *asymmetric warfare*, nicht zuletzt als Übersteigerung im Zeitalter der Ideologien auch schon wieder teilweise auf. Aber das steht auf einem anderen Blatt. Das Verhältnis von Staat und Religion in Europa ist immerhin grundsätzlich im Sinne einer Absage an fundamentalistische Ansätze weitestgehend unbestritten.

Das ist das Ergebnis eines langen Ringens im christlich geprägten Europa, von der Reformation beeinflusst, Erbe der Aufklärung und heute auch in der römischen Kirche nicht mehr bestritten. Staat und Religion sind immer aufeinander angewiesen, aber sie sind doch rechtlich und politisch klar getrennt. Und das ist eine notwendige Voraussetzung für die Universalität der Menschenrechte.

Rangen die Europäer über Jahrhunderte um das Verhältnis von Staat und christlicher Religion, so verliefen die Kontakte Europas mit dem Islam erst recht ambivalent. «Europa und der Islam – diese Gegenüberstellung hat immer etwas Konfrontatives,» beginnt der italienische Historiker Franco Cardini sein gleichnamiges, noch unbeeindruckt vom islamistischen Terror geschriebenes Standardwerk. Und es stimmt: Die Feldzüge der Mauren, die Kreuzzüge des christlichen Abendlandes, die Expansion des Osmanischen Reiches oder die Auseinandersetzungen auf dem Balkan – das alles ist blutiger

Teil europäischer Geschichte. Und es hat sich in das historisch-kulturelle Gedächtnis von Europäern so sehr wie von Muslimen eingebrannt.

Aber natürlich gab es auf der anderen Seite zwischen Muslimen und Europäern auch immer wechselseitige geistige, kulturelle, soziale Befruchtungen und Inspirationen. Muslimische Gelehrte waren Mitbegründer der geistigen Grundlagen des mittelalterlichen Europa, da sie nicht nur die Quellen des griechischen Denkens retteten und verbreiteten, sondern auch ihren eigenen Beitrag zu Kultur, Wissenschaft und Geistesleben erbrachten, wenn wir etwa nur an die Astronomie oder an die Medizin denken.

Die Spuren islamischen Lebens in Europa reichen also weit zurück. Muslime haben in vielfältiger Weise unsere Geschichte und unsere Kultur bereichert. Dass sich die religiös neutralen, freiheitlichen Staaten Europas heute in besonderer Weise des Dialogs mit den Muslimen annehmen, hat nun weniger mit dem kulturellen Erbe zu tun als vielmehr mit den drängenden Fragen des Zusammenlebens in der Gegenwart. Islamistische Bestrebungen forcieren die «Islamisierung» Europas im Sinne eines – von der überwiegenden Mehrheit der bei uns lebenden Muslime nicht geteilten – totalitären Islam-Verständnisses.

Umgekehrt empfinden viele Muslime die gegenwärtige Globalisierung unter den Vorzeichen des westlichen Modells freiheitlicher Marktdemokratien als Affront gegen ihre religiös geprägten Werte. In Europa sind muslimische Zuwanderer mit den Anforderungen eines Gesellschaftsmodells konfrontiert, das sich von dem ihrer Herkunfts- oder Heimatländer erheblich unterscheidet. In diesem Spannungsfeld gegenläufiger Forderungen und Entwicklungen – wenn man so will: Islamisierung Europas versus Europäisierung des Islam – gewinnt das Verhältnis von Staat und Islam in Europa weit über religiöse oder rechtliche Fragen hinaus Bedeutung. Also ist das Verhältnis zwischen Staat und Islam zugleich von historischer Brisanz und von brisanter Aktualität.

Wenn ich den Blick für einen Moment in die Vergangenheit gerichtet habe, so aus folgendem Grund: Wenn es Jahrhunderte gedauert hat, das Verhältnis von Staat und christlicher Religion in Europa friedlich zu regeln – und es hat Jahrhunderte gedauert –, dann wäre es vermessen zu erwarten, dass sich die aktuellen Probleme zwischen Staat und Islam in Europa im 21. Jahrhundert gewissermaßen über Nacht oder ohne Kontroversen lösen ließen.

Bezüglich unserer Islamkonferenz, die wir im September in Deutschland begonnen haben, fragten gerade gestern einige Zeitungen, warum wir immer noch kein abschließendes Ergebnis hätten. Das ist aber nun wirklich Unsinn. Es wird schon ein paar Jahre dauern – hoffentlich keine Jahrhunderte, aber etwas mehr Zeit werden wir uns schon nehmen müssen, um noch ein wenig intensiver miteinander zu kommunizieren und zu diskutieren.

Die Frage, wie ein Staat und die in ihm ansässigen Religionsgemeinschaften – seien das nun Muslime oder Christen – ihr Verhältnis regeln, gleicht ein wenig der berühmten Gretchenfrage im Faust: «Nun sag, wie hast Du's mit der Religion?» In unserem Fall fragt Gretchen da nicht nach dem Bekenntnis von Dr. Faust, sondern eigentlich richtet der souveräne Staat die Frage an sich selbst: «Wie hast Du es, wie haben wir es mit der Religion?»

Wenn man nun bedenkt, was der Begriff «Gretchenfrage» eigentlich umgangssprachlich meint – nämlich eine Frage, die dem Gefragten eher unangenehm ist, da sie ein Bekenntnis verlangt, um das sich der Betreffende bisher herumgedrückt hat –, so ist die Frage, die uns der Islam stellt, vielleicht tatsächlich eine Gretchenfrage, um die wir uns in Deutschland gern ein bisschen herumgedrückt haben. Offenkundig ist aber ein weiteres Herumdrucksen beim Thema Staat und Islam keine sinnvolle Option. In Deutschland leben über 3 Millionen Muslime, und in der Schweiz hat die Zahl der Muslime dem Schweizerischen Statistischen Bundesamt zufolge zwischen 1980 und 2000 auch von 56.600 auf 310.800 zugenommen.

Ein Nebeneinanderher ist da nicht nur wenig wünschenswert, sondern es ist faktisch gar nicht mehr möglich. Die in jeder Hinsicht neuen Dimensionen von Zuwanderung von Muslimen in die christlich geprägten Staaten Europas stellen eben beide Seiten – Staat und Zuwanderer – vor die Herausforderung der Integration. Und so kommen wir nicht umhin, uns dem Verhältnis von Staat und Islam aus dieser Perspektive zu nähern. Denn ohne nachhaltige Integration drohen Probleme im Zusammenleben zu eskalieren.

Wir sehen dies auch daran, dass wir inzwischen auch Probleme mit Muslimen haben, die in Europa geboren sind und in der zweiten oder dritten Generation hier leben – oder auch mit Menschen, deren Vorfahren schon immer in Europa gelebt haben, die aber zum Islam konvertiert sind. Die Sicherheitsbehörden reden in diesem Zusammenhang vom Risiko des so genannten *homegrown* Terrorismus. Aber ich will Probleme bei der Integration von Muslimen keinesfalls auf das Problem des Terrors und seiner Bekämpfung reduzieren. Das wäre ein völliges Missverständnis und würde der Friedlichkeit der großen Mehrheit der Muslime, die nicht besser und nicht schlechter als die große Mehrheit der Christen ist, Unrecht tun.

Otto Karrer wusste um die Sprengkraft von unterschiedlichen religiösen Überzeugungen. Und diese Sprengkraft ist auf unserem verhältnismäßig kleinen und dicht besiedelten europäischen Kontinent natürlich besonderes groß. Andere – auch Amerika – haben es da ein Stück weit besser. Sie sind viel weniger dicht besiedelt und können so auch ohne größere Probleme schlicht nebeneinanderher leben, während wir das in der europäischen Dichte und Vielfalt nicht vermögen. Das ist europäische Geschichte.

Zu den Schülern von Karrer gehörte auch Karl Rahner, von dem der Satz stammt: «Die unbequemste Art der Fortbewegung ist das Insichgehen.» Auch Karrer hatte das erkannt. Er wusste, dass er beim Dialog mit anderen Konfessionen bereit sein musste, sich selbst die Frage zu stellen: Was glaube ich eigentlich, wie sieht mein innerer Kompass aus? Genau dieses Infragestellen muss sich jeder gefallen lassen, der von Anderen Integrationsbereitschaft verlangt. Das ist die Voraussetzung für Dialog – auch und gerade mit dem Islam.

Wenn ich es richtig verstehe, versucht ja das Ökumene-Institut der Theologischen Fakultät Luzern genau diesen Weg zu gehen – auch mit der Tagung, die Sie für das nächste Frühjahr zum Thema «Dialog statt Konfrontation» zwischen Christentum und Islam geplant haben. Ich habe mit Interesse gelesen, dass in Luzern Gespräche zwischen dem Kanton und den islamischen Gemeinschaften auch über mögliche Organisationsformen geführt werden. Sie beschäftigen sich mit ganz ähnlichen Fragen wie wir in unserer Deutschen Islam Konferenz.

Ganz offenkundig hat – das zeigt ein Blick in andere europäische Staaten – die Frage nach dem Verhältnis von Staat und Islam auch eine europäische Dimension. Die Frage «Wie hast Du's mit der Religion?» steht – wie viele europäische Fragen – inzwischen auf der Tagesordnung. Sie war übrigens auch eine der umstrittensten Fragen in der Formulierung des Entwurfs eines europäischen Verfassungsvertrages, den wir so wahrscheinlich nicht haben, aber irgendwie wohl doch hoffentlich voranbringen werden.

Es ist eben so, dass Religion und Politik starke Identitätsstifter und vielen Menschen auch Herzensangelegenheit sind, die dazu einladen, aus innerer Überzeugung Trennlinien zu ziehen. Aber so sehr es sich bei Religion um eine persönliche Angelegenheit handelt, angesichts der Brisanz des Verhältnisses von Staat und Islam können wir uns in Europa der Antwort auf die Gretchenfrage nicht länger entziehen.

Wie also integrieren wir Menschen in unsere Gesellschaft, deren religiöse Identität sich zuweilen deutlich von unserer eigenen Identität unterscheidet? Und was bedeutet eigentlich dieser schillernde, oft gebrauchte und fast genauso oft missverstandene Begriff von Integration?

Wahrscheinlich ist es leichter, die zweite Frage vor der ersten zu beantworten. Worauf bezieht sich Integration? Wann können wir von gelungener Integration sprechen? Wenn man versucht, das abstrakt zu definieren, ist es ziemlich kompliziert. Das ist so ähnlich wie mit der Frage, was es eigentlich heißt, Schweizer oder Deutscher zu sein. Definieren Sie es einmal abstrakt! Mir ist der Berliner Theologe Richard Schröder sympathisch, der auf die Frage, was deutsch sei, einmal gesagt hat: nichts Besonderes, aber etwas Bestimmtes.

Also hat Integration etwas mit Zugehörigkeit zu tun: mit Zugehörigkeit zu einer Gemeinschaft, mit gemeinsamen Erinnerungen, wahrscheinlich auch mit einem gemeinsamen Verständnis von der Zukunft, oder – wie es der vor kurzem verstorbene Soziologe Hondrich beschrieben hat – mit geteilten Gefühlen und emotionalen Beziehungen. Wir haben das im vergangenen Jahr bei der Fußball-Weltmeisterschaft gespürt. Und Sie werden es nächstes Jahr bei der Europameisterschaft noch einmal spüren können. Die Weltmeisterschaft war wahrscheinlich eines der gelungensten Integrationsprogramme, die wir in Deutschland seit langem hatten.

Integration heißt nicht einfach Assimilation an ein althergebrachtes, europäisches Lebensmodell. Wenn wir die Wirklichkeit unserer Städte und Gemeinden anschauen, so ist vieles unendlich viel bunter, offener, vielfältiger als früher geworden. Und alles unterliegt einem schnelleren und tiefgreifenderen Wandel, als es wahrscheinlich die Angehörigen noch meiner Generation lange wahrgenommen haben oder wahrnehmen wollten.

Natürlich gab es auch früher zwischen Generationen unterschiedliche Vorstellungen davon, wie man lebt, und damit einhergehend auch immer Veränderungen in der Art zu leben. Aber ich habe schon den Eindruck, dass sich das Tempo der Veränderungen beschleunigt. Das mag auch – wenngleich sicher nicht nur – mit der Globalisierung zusammenhängen. Unsere Gesellschaften sind durch die zunehmende Vernetzung von Informationen und Menschen schnelleren Veränderungsprozessen unterworfen. Und weil Austausch und Vernetzung immer stärker auch über kulturelle und nationale Grenzen hinweg stattfinden, werden unsere Gesellschaften in sich heterogener.

Zu dieser Entwicklung, die im Wesentlichen auf dem technischen Fortschritt beruht, kommen noch die Brüche des 20. Jahrhunderts, die insbesondere in Mitteleuropa und natürlich vor allem in Deutschland die Menschen tief verunsichert haben. Das wirkt nach.

Beides zusammen führt zu einer gewissen Entwurzelung und dies wiederum dazu, dass bei vielen Menschen das Bedürfnis nach Orientierung und Nähe gerade in Zeiten der Globalisierung zunimmt. Die in früheren Zeiten stärker zu beobachtende kulturelle wie religiöse Assimilation beruhte vermutlich auch darauf, dass die Gesellschaften damals abgeschlossener und einheitlicher waren – und somit auch einheitlicher in ihren Lebens- und Wertvorstellungen –, während unsere gesellschaftliche Wirklichkeit heute viel offener ist.

Aber jede stabile freiheitliche Ordnung gründet sich auf ein möglichst hohes Maß an freiwilliger Übereinstimmung und gemeinsamen Vorstellungen. Das ist die Grundlage für Patriotismus – oder wie immer man es nennen mag. Man kann dies auch mit dem – zumindest in Deutschland – in diesem Zusammenhang viel zitierten Satz des Freiburger Rechtslehrers Böckenförde formulieren, nach dem die freiheitliche Demokratie auf Voraussetzungen beruht, die sie selbst nicht zu schaffen vermag – gemeinsamen Vorstellungen, wie man lebt, wie man zusammen lebt, wie man es miteinander aushält.

Je mehr an solcher Gemeinsamkeit vorhanden ist, umso weniger braucht man Staat, Reglementierung, Bürokratie, und umso geringer ist die Gefahr, dass die freiheitliche Ordnung untergraben wird. Das ist für mich der Grund, warum wir ein hinreichendes Maß an Zugehörigkeit, Zusammengehörigkeit, Identität brauchen, warum Integration gelingen muss.

Um noch einmal Goethe zu zitieren: Was ist des Pudels Kern, wenn es um erfolgreiche Integration geht? Gemeinsame Identität, sagen manche, sei ein bisschen viel verlangt und sei auch zu kompliziert. Aber Zusammengehörigkeit und Zugehörigkeit sind meines Erachtens schon das Ziel von Integration. Vielleicht kann man es auch einfacher sagen: Menschen, die hier leben, sollten sich auch hier heimisch fühlen, sie sollten das Gefühl haben, hier daheim zu sein. Das bedeutet, sich wohl zu fühlen und vertraut zu sein.

Deswegen muss es gelingen, dass sich auch und gerade Muslime, die als Zuwanderer zu uns gekommen sind oder die schon in der zweiten, dritten, vielleicht sogar vierten Generation hier leben, sich hier sicher, zu Hause, daheim fühlen. In einem Europa, in dem sie sich nicht zu Hause oder gar ausgegrenzt fühlen, werden sich Muslime niemals integrieren wollen.

Also ist Integration keine Einbahnstraße, sondern ein zweiseitiger Prozess. Sie setzt voraus, dass die Zuwanderer hier heimisch werden wollen. Wer das partout nicht will – das muss man auch sagen –, wer beispielsweise nicht will, dass seine Kinder – im Besonderen seine Töchter – in einer offenen westlichen Gesellschaft aufwachsen, weil ihn daran vieles stört, der trifft eine falsche Entscheidung, wenn er auf Dauer in Mitteleuropa lebt. Man muss die Bedingungen des neuen Heimatlandes akzeptieren.

Aber umgekehrt müssen diejenigen, die schon länger hier leben, auch wollen und sich bemühen, dass die Zuwanderer heimisch werden. Und wir müssen wissen, dass sich dadurch auch unsere Lebensverhältnisse und damit wir selbst im Laufe der Zeit weiterentwickeln und verändern werden. Insofern ist Integration wirklich keine Einbahnstraße.

Wenn man sich also bemüht, von beiden Enden des Seils auf diesen gordischen Knoten der Integration zu blicken, dann wird deutlich, dass Integration beiden Seiten, den Aufgenommenen wie den Aufnehmenden, einiges abverlangt. Und ich denke schon, dass es nicht nur ein Gebot der Ehrlichkeit ist, diese Anforderungen beim Namen zu nennen, sondern auch der einzig vernünftige Weg, um tatsächlich zu einem Miteinander zu kommen.

Wahrscheinlich hat sich kaum jemand ernsthaft Gedanken gemacht in den 50er, 60er und 70er Jahren, als die Migranten zu uns kamen – die damals jedenfalls in Deutschland noch Gastarbeiter hießen –, wie es mit der Integration klappen soll. Als sie kamen, hatte zunächst auch kaum jemand die Vorstellung – die Gastarbeiter selbst am allerwenigsten –, dass sie auf Dauer hier bleiben würden.

Später ist man dann mehr oder weniger davon ausgegangen, dass sich die Anfangsschwierigkeiten irgendwie im Laufe der Jahrzehnte schon von alleine lösen würden, zumindest im Laufe der Generationen. So ist es ja auch in früheren Zeiten gewesen. Und natürlich hat das auch in vielen Fällen gut funktioniert. Aber bei den Zuwanderern, die etwa aus der Türkei nach Deutschland gekommen sind, ist der Integrationserfolg bis auf den heutigen Tag sehr unterschiedlich.

Es gibt viele, die sind gut, sehr gut integriert – ich habe heute mit Vertretern des türkischen Unternehmerverbandes gesprochen, da gibt es überhaupt keine Probleme. Aber viele sind es eben auch leider nicht. Natürlich hat das auch damit zu tun, dass Menschen, die aus Anatolien gekommen sind, zwar günstige Arbeitskräfte waren – deswegen hat man sie ja auch angeworben –, aber auch geringere Chancen hatten, sich in der Modernität einer mitteleuropäischen Gesellschaft zurechtzufinden. Ich bin mir nicht einmal sicher, ob diese Menschen sich in Istanbul wirklich gut integrieren würden.

Paradoxerweise betreffen die Integrationsprobleme, die wir in Deutschland feststellen, die zweite und dritte Generation – also die Kinder und Kindeskinder der Zuwanderer – stärker als die erste Generation. Das ist in anderen europäischen Ländern ganz ähnlich, obwohl dort die Zusammensetzung der Bevölkerung, Migrationsursachen und die Verhältnisse zum Teil ganz unterschiedlich sind – in Frankreich und Großbritannien hat man beispielsweise das Sprachenproblem fast gar nicht.

Aber trotz vielfältiger Unterschiede in unseren Ländern verläuft die Entwicklung, dass die Integrationsdefizite von Generation zu Generation nicht kleiner, sondern größer werden, parallel. Offenbar machen viele junge Migranten die Erfahrung zu scheitern, unterlegen und ausgeschlossen zu sein. Das führt zu Abgrenzung und Rückzug und im schlimmsten Fall auch zu Spannungen und Gewalt.

Was also können wir tun, um diesen Kreislauf der Desintegration, der sich in vielen europäischen Staaten zeigt, zu stoppen? Um nur ein paar Stichworte zu nennen: Maßnahmen der Sprachförderung sind ein wichtiges Element zur Lösung der Integrationsprobleme, wobei ich schon erwähnte, dass Sprachkompetenz eine notwendige, aber – wie man an Frankreich oder Großbritannien sieht – keine hinreichende Bedingung für gelingende Integration ist.

Schulische Verbesserung und bessere Ausbildung hängen miteinander zusammen – und damit wiederum bessere Chancen der Integration durch den Arbeitsmarkt. Je mehr die Menschen im Arbeitsmarkt integriert sind, umso mehr bessert sich ihr Lebensstandard und ihre Teilhabe an der Gesellschaft. Das ist, neben den sozialen Kontakten zu Arbeitskollegen, die ganz wichtig sind, grundlegend für das Gefühl von Zugehörigkeit – übrigens wiederum auf beiden Seiten der Gesellschaft. Deswegen ist die Wirtschaft auch einer der besten Integrationsmotoren.

Darüber hinaus müssen wir den Menschen mit Migrationshintergrund auch vermitteln, dass der Staat Integration unterstützen, aber dem Einzelnen den eigenen Integrationsprozess keineswegs abnehmen kann. Deswegen machen wir Angebote im Sinne von Fördern und Fordern. Die Hilfe des Staates kann den Einzelnen von seiner Verantwortung für sich nicht entbinden – und auch nicht die Eltern von der Verantwortung für ihre Kinder entlasten. Integrationspolitik kann immer nur fördernde Begleitung eines im Wesentlichen eigendynamischen Integrationsprozesses sein.

Deswegen muss man sich neben staatlichen Hilfen und Angeboten immer auch selbst in Pflicht und Verantwortung fühlen, sonst wird es nicht gelingen. Deswegen ist die Teilnahme an Integrationsmaßnahmen in Deutschland nicht nur ein freiwilliges Angebot. Der staatlichen Unterstützung steht die Erwartung gegenüber, dass Zuwanderer – im eigenen wie im gesellschaftlichen Interesse – die Verantwortung für ihre individuellen Integrationsprozesse auch übernehmen.

Der frühere Präsident der Akademie der Künste in Berlin, György Konrád, hat diese Erwartungshaltung einmal so ausgedrückt: «Der Preis für ein Bleiben heißt Lernen. Ein Einwanderer muss viel lernen: eine Sprache, eine lokale Kultur, ein komplexes System von Rechten und Pflichten. Teilweise muss er seine eigenen Normen außer Kraft setzen. Nicht vergessen, nicht aufgeben soll er sie, jedoch nur in einem Maße befolgen, anwenden und bewahren, so dass die Normen des Aufnahmelandes nicht auf eine Weise verletzt werden, die heftigen Widerstand auslöst.»

Die so beschriebene Integration der Muslime in unsere vom christlichen Erbe geprägten europäischen Gesellschaften ist eine der Schlüsselaufgaben unserer Zeit, die für beide Seiten Veränderung bedeutet.

In meiner Heimat, in der Ortenau am Rande des Schwarzwalds, haben wir heute fast in jeder kleineren Stadt mit 6.000 bis 10.000 Einwohnern eine Moschee. Das war vor 20 Jahren noch völlig unvorstellbar. Insofern ist muslimisches Leben – nicht nur in Berlin und den großen Metropolen – Teil unserer Lebenswirklichkeit. Wir müssen das wissen, und wir müssen es akzeptieren. Das gehört zur Integration: Wir müssen lernen, miteinander zu leben.

Das ist auch der Sinn der Deutschen Islam Konferenz, mit der wir versuchen, eine institutionelle Beziehung zu den Menschen islamischer Religion in unserem Lande aufzubauen. Wir können das, was in einer jahrtausendealten Geschichte zwischen Staat und christlichen Kirchen gewachsen ist, nicht eins zu eins auf den Islam übertragen, weil der Islam ganz anders organisiert ist und sich ganz anders versteht als die christlichen Kirchen. Aber wir müssen die Beziehungen zu Muslimen besser pflegen und darauf hinwirken, dass sich muslimisches Leben innerhalb unserer freiheitlichen Ordnung und innerhalb des Religionsverfassungsrechts unseres Grundgesetzes entfaltet.

Die Deutsche Islam Konferenz ist ein auf längere Zeit angelegter Prozess. Wir tagen permanent in Arbeitsgruppen und stellen alle halbe Jahre die Ergebnisse öffentlich vor. Der Weg ist das Ziel: Die Diskussion unter den Muslimen in ihrer Vielfalt und zwischen Vertretern unseres Staates – Bund, Länder und Gemeinden – und der Vielfalt muslimischen Lebens in Deutschland ist der eigentliche Wert. Praktische Vereinbarungen im Einzelnen kommen dabei wahrscheinlich auch einmal heraus. Aber der eigentliche Wert ist dieser Diskussionsprozess, der im Verhältnis der beiden gesellschaftlichen Gruppen, aber auch innerhalb der muslimischen Gemeinschaft selbst Wirkungen in Gang setzen soll und auch ein Stück weit schon in Gang gebracht hat. Insofern ist mir jede öffentliche Kontroverse über solche Fragen immer erwünscht, weil sie diesen Prozess voranbringt.

Alledem liegt der Gedanke zugrunde, dass der Islam eben nicht wie die christlichen Kirchen verfasst ist, dass es auch keine repräsentative Organisation der Muslime gibt. Wir können von staatlicher Seite auch nicht anordnen, wie sich Muslime zu organisieren haben. Das ist unserem Freiheitsverständnis völlig entgegengesetzt. Aber ebenso wenig können in Deutschland die Länder, die für den Schulunterricht zuständig sind wie in der Schweiz die Kantone, nach der Ordnung unseres deutschen Grundgesetzes einfach Islamunterricht in Schulen einführen, wenn sie nicht einen islamischen Partner dafür haben.

Wir begreifen Religionsfreiheit nach unserem Grundgesetz im Lichte unserer staatskirchenrechtlichen Erfahrungen mit den öffentlich-rechtlich verfassten Kirchen in Deutschland. Das ist eine ganz andere Situation als im laizistischen Frankreich. Unser Grundprinzip ist, dass der Staat Religionsunterricht nicht verordnet, sondern partnerschaftlich mit den Religionsgemeinschaften organisiert. Deswegen brauchen wir eine Entwicklung in der islamischen Gemeinschaft, die sie partnerschaftsfähig macht. Dazu muss die islamische Gemeinschaft die Vielfalt und Verschiedenheit in ihren eigenen Reihen akzeptieren.

Wenn wir uns an die europäische Geschichte erinnern, sehen wir, wie viele Kriege wir in Europa zwischen unterschiedlichen christlichen Gruppierungen und Religionen geführt haben. Meines Erachtens ist, was politische Auswirkungen des Islam in der Weltpolitik in den kommenden Jahren betrifft, die *innerislamische* Auseinandersetzung die größere Sorge. Denn diese Auseinandersetzung wird vielleicht noch größer als die Auseinandersetzung zwischen dem Islam und Anderen. Auch deswegen ist wichtig, dass die Muslime möglichst schneller als die Christenheit in vergangenen Jahrhunderten lernen, mit dieser Vielfalt umzugehen, ohne dass es neue, gewalttätige Exzesse braucht.

Die Gründung des Koordinationsrates der Muslime in Deutschland umfasst vier Verbände, die etwa 10 Prozent der Muslime vertreten. Also kann dieser Koordinierungsrat als Interessenverband natürlich nicht – das muss ich in aller Freundlichkeit sagen – der einzige Partner für den Staat in Deutschland sein.

Über alle diese Fragen diskutieren wir. Das zeigt, dass es gar nicht so leicht für Muslime ist, sich an das Religionsverfassungsrecht unseres Grundgesetzes anzupassen. Dennoch sind wir uns in der Islamkonferenz absolut einig, dass wir keine *lex islamica* in Deutschland brauchen, um eine gleichberechtigte Entfaltung des Islam zu ermöglichen, sondern dass die Ordnung unseres Grundgesetzes auch für Muslime eine geeignete Ordnung ist, wenn sie Pluralismus akzeptieren. Das müssen sie ohnedies, wenn sie in Europa heimisch werden wollen. Andernfalls werden sie nicht heimisch, denn wir sind nicht bereit, die Regeln von Toleranz, Offenheit, Vielfalt und Pluralismus zur Disposition zu stellen.

Die Deutsche Islam Konferenz hilft Muslimen, Voraussetzungen für eine Partnerschaft zu schaffen. Aber das heißt auch, dass Muslime, die auf Dauer in Deutschland, in Europa leben wollen, akzeptieren müssen, dass die Regeln gelten, die Voraussetzung für Demokratie, Rechtsstaatlichkeit und Freiheit sind. Alle muslimischen Vertreter in der Deutschen Islam Konferenz – ob in Verbänden organisiert oder nicht – haben von sich aus betont, dass das Grundgesetz geradezu eine vorbildliche Ordnung für das Leben in Freiheit und Vielfalt sei, dass sie sich eben nicht eine andere Ordnung wünschen. Das ist Beweis dafür, dass sie die Vorzüge unserer von christlichem Erbe und christlichen Traditionen geprägten Ordnung der Freiheit und Toleranz verstehen und auch für sich akzeptieren.

Die Muslime können unsere Gesellschaft mitgestalten – aber das setzt voraus, dass sie auf die Scharia als politische Ordnung verzichten müssen. Auch deswegen haben wir mit der Deutschen Islam Konferenz den Dialog mit den Muslimen auf eine institutionalisierte Grundlage gestellt.

Dass wir miteinander im Gespräch sind, auch Sprachlosigkeit vergangener Jahre oder Jahrzehnte überwunden haben, wird von fast allen als Gewinn angesehen. Der Mensch ist – wie Aristoteles schrieb – ein *zoon logon echon*. Die Begabung zu Sprache und Vernunft ermöglicht ihm, sich politisch zu betätigen, sich einzubringen und Teil eines größeren Ganzen zu sein. Erst im Dialog – und das ist es, was Aristoteles meint – kann Sprache zu Verständigung führen.

Mein Eindruck ist, dass wir in grundsätzlichen Fragen eine gewisse Annäherung in diesem Prozess erleben. Sie betrifft zum Beispiel die Frage, welcher Stellenwert Religion in einer freiheitlichen und säkularen politischen Ordnung zukommt. Auch in so schwierigen Detailfragen wie der Einführung eines islamischen Religionsunterrichts kommen wir – trotz mancher Hindernisse in der Organisationsproblematik – voran. Wir haben jetzt eine Arbeitsgruppe eingesetzt, die sich mit den konkreten rechtlichen Voraussetzungen befasst.

In einigen Bundesländern werden bereits Versuche durchgeführt, und ich bin ziemlich sicher, dass wir in wenigen Jahren die Voraussetzungen geschaffen haben, damit der Staat gemeinsam mit muslimischen Partnern islamischen Religionsunterricht in deutscher Sprache und von in Deutschland ausgebildeten Lehrerinnen und Lehrern aufgrund von Curricula, die mit dem Grundgesetz in völliger Übereinstimmung sind, einführen kann.

Wir sind uns auch einig, dass die Medien einen größeren Beitrag zum Abbau von Ängsten und zu mehr Bewusstsein für die Vielfalt auch muslimischen Lebens in unserer Gesellschaft leisten können. Auch wenn in vielen anderen Fragen noch intensive Klärungsprozesse vor uns liegen: Die Tatsache, dass wir in der Islamkonferenz Meinungsverschiedenheiten offen benennen, austragen und auch aushalten, ist schon ein Wert an sich.

Wenn man sich anschaut, wie die Vertreter der Verbände und die Vertreter muslimischen Lebens, die ich als Unabhängige oder auch Islamkritiker aus dem Islam eingeladen habe, zusammensitzen und miteinander streiten, dann sind wir auf einem guten Weg. Und nach jedem Streit bestätigen wir uns gegenseitig, dass wir genau in der gleichen Zusammensetzung fortfahren wollen. Ich mache auch immer wieder klar, dass ich eine Alternative hierzu nicht akzeptieren würde. Und so entsteht auf Seiten der Muslime auch ein neues Gefühl, wahrgenommen und akzeptiert zu werden.

Ich will noch eine Bemerkung zu der Frage machen, ob es dabei auch eine europäische Dimension gibt. Ich sagte ja, das Problem ist vielen europäischen Ländern gemeinsam. Und in der Tat ist der Islam nicht nur ein Teil Deutschlands und ein Teil der Schweiz, sondern ein Teil Europas geworden. Die Integration des Islam ist eine Herausforderung wirklich europäischer Größenordnung. Menschen zu integrieren, ihnen zu helfen, sich zugehörig zu fühlen, ist übrigens auch das, was das Zusammenwachsen unseres Kontinents insgesamt vorangebracht hat und was uns bei allen Irrungen und Schwierigkeiten eine der längsten Friedensperioden unserer Geschichte eingebracht hat und auch für die Zukunft ermöglicht.

Die Herausbildung einer gemeinsamen, europäischen, kulturellen Identität bleibt Voraussetzung und Folge dieses Prozesses zugleich. So erklärt sich, warum alle Fragen einer Erweiterung der Europäischen Union bis hin zur Frage der Mitgliedschaft der Türkei nicht nur Fragen der Finalität des europäischen Einigungsprozesses sind, sondern vielmehr auch Fragen der europäischen Identität. Was uns über Jahrzehnte zwischen europäischen Nationen mehr und mehr gelungen ist, muss uns heute und in Zukunft auch innerhalb unserer zunehmend heterogen gewordenen Gesellschaften gelingen – nämlich Integration durch Dialog.

Beide Fragen interkulturellen Dialogs – Förderung des Verstehens und Klärung offener Fragen des Zusammenlebens – erfordern neben der wechselseitigen Bereitschaft zum Verstehen des jeweils Anderen auch ein klares Verstehen der eigenen Position. Also müssen wir uns der kulturellen wie religiösen Wurzeln und Grundlagen europäischen Denkens und Handelns bewusst werden, wie sie sich über Jahrhunderte oder gar Jahrtausende entwickelt haben. Indem wir elementare Fragen staatlicher und gesellschaftlicher Ordnung mit Angehörigen einer anderen als der christlichen Religion diskutieren, wird uns zugleich auch besser bewusst, in welchem Maße die Prinzipien des Zusammenlebens in unseren europäischen Demokratien von aufgeklärter christlicher Ethik geprägt sind.

Natürlich sind diese Werte und Prinzipien nicht allein dem christlichen Erbe geschuldet oder dem Christentum exklusiv zuzuschreiben. Daran sollten wir uns erinnern, wenn wir den Dialog mit Muslimen führen. Wir können unser Bemühen, Muslimen Wege in unsere Gesellschaft und zu mehr Teilnahme zu ebnen, auch als Chance verstehen, zu einem noch vielfältigeren Ganzen zusammenzuwachsen.

Der interreligiöse Dialog kann, wie auch Otto Karrer wusste und immer wieder gesagt hat, das notwendige Verstehen, das gegenseitige Verstehen, fördern. Er kann aber nicht politische Probleme lösen. Das bleibt dem Dialog zwischen Staat und Muslimen vorbehalten, der die Entfaltung des Islam innerhalb des Rahmens unserer freiheitlichen europäischen Verfassungsordnungen fördern soll. Ich habe auch bei der Deutschen Islam Konferenz immer großen Wert darauf gelegt, dass sie nicht missverstanden wird als ein interreligiöser Prozess. Den müssen Kirchen mit dem Islam führen. Der Staat führt bei uns nicht *religiöse* Dialoge. Wir führen als Staat einen Dialog mit Vertretern muslimischen Lebens in Deutschland.

Bei aller Dialogbereitschaft kann es keinen Zweifel geben, dass sich der Islam, wie er in unseren freiheitlichen Gesellschaften gelebt wird, im Sinne einer vollständigen Akzeptanz unserer Rechts- und Werteordnung entwickeln und damit insoweit auch «europäisieren» muss. Wenn der Islam und weil er ein Teil Europas ist, muss er sich auch «europäisieren». Nur wer jeden Absolutheitsanspruch ablegt, kann Teil einer pluralistischen, freiheitlichen und demokratischen Ordnung sein. Umgekehrt werden die europäischen Gesellschaften lernen müssen, religiöse – nicht aber politische – Besonderheiten des Islam als Facette europäischer Lebenswirklichkeit zu akzeptieren.

Wie schwer all dies nicht nur in Deutschland fällt, zeigen Erfahrungen anderer europäischer Staaten und Gesellschaften: vom britischen *laissez-faire* über den nüchternen Ansatz einer Verkörperschaftlichung in Österreich – da gibt es ja eine öffentlich-rechtliche Körperschaft des Islam aus der Zeit des Habsburger Reiches – bis zum stärker assimilierenden Vorgehen unserer französischen Nachbarn und Freunde, die nun auch ihrer Probleme stärker bewusst geworden sind. Die Ansätze zur Integration von Muslimen und ihres Glaubens sind so vielfältig wie die historisch gewachsenen, kulturell und rechtlich verschiedenen Ausgangsbedingungen in den einzelnen Teilen Europas.

Deshalb wird es eine europäische Religionspolitik auf absehbare Zeit nicht geben. Und es wäre auch nicht gut, wenn es sie geben würde. Was die Regelung des Verhältnisses zwischen Staat und Islam anbetrifft, kann die Europäische Union nach unserer Überzeugung nicht wirklich als handelnder Akteur auftreten. Dafür sind die Unterschiede des jeweiligen Verhältnisses von Staat und Religion in Europa zu groß. Und deswegen ist auch dies ein Fall, in dem Subsidiarität das Prinzip ist, unter dem europäische Integration nur gewinnen kann.

Aber natürlich sollten die europäischen Staaten und Gesellschaften versuchen, voneinander über die Integration des Islam und der Muslime zu lernen. Deswegen haben wir diese Fragen auch zu einem der Schwerpunktthemen unserer Ratspräsidentschaft gemacht. Heute in einer Woche werden wir ein informelles Treffen der Integrationsminister der Europäischen Union in Potsdam haben, bei dem wir einen Vorschlag für einen strukturierten Informations- und Erfahrungsaustausch präsentieren wollen. Dies wird das erste Mal sein, dass sich ein politisch so hochrangig besetztes Gremium auf europäischer Ebene des interkulturellen Dialogs zwischen Staat und Islam annehmen wird.

Vielleicht steckt darin – wie in der Auseinandersetzung mit dem Verhältnis von Staat und Islam in Europa insgesamt – eine Chance, dass wir uns der Werte und Prinzipien europäischen Denkens und Handelns noch bewusster werden. In einer Welt verschwimmender Grenzen und sich verschärfender Konkurrenzen könnte das von Vorteil sein. So kommt dem interkulturellen Dialog in dem sich globalisierenden Bewusstseins- und Handlungsraum eine doppelte Bedeutung für Europa zu: nach innen die der Verständigung über das Zusammenleben innerhalb unserer freiheitlichen demokratischen europäischen Staaten und Gesellschaften, nach außen die der Verständigung über zwischenstaatliche Beziehungen auch, aber nicht nur mit der Türkei.

Beidem gemeinsam ist die Aufgabe, Verstehen und Verständnis herbeizuführen. Und das ist ganz im Sinne von Otto Karrer, der gemeinsame Lebensperspektiven in einer konfliktreichen Welt schaffen wollte. Denn am Ende wird allein mit dem Auftragen von Meridianen wie im Jahr 1493 kein Staat mehr zu machen sein.

**Otto Karrer zu Ökumene (1966),
Weltfrieden (1934/35) und Islam (1934)**

Otto Karrer

Gesetz der Stellvertretung

aus: *Ders.:* Das Zweite Vatikanische Konzil : Reflexionen zu seiner geschichtlichen und geistlichen Wirklichkeit. München: Kösel, 1966, S. 246–251.

Es wäre eine eigene Abhandlung wert, nachzudenken über so manche offiziellen Geschehnisse, die sich nicht innerhalb des eigentlichen Konzilsablaufs, wohl aber im Kraftfeld des Konzils als seine ersten geschichtsmächtigen Ausstrahlungen ereigneten; und über die vielen inoffiziellen Dinge, die im Konzil sozusagen «nebenher» passierten und doch die *innere* Gestalt des Ganzen nicht weniger mitbestimmten als die großen Aspekte der Voten und Dekrete. Nicht daß diese «Kleinigkeiten» alle publiziert werden müßten; genug, wenn sie da und dort das Eigentliche des Konzils aufschimmern lassen – wie etwa in einer Betrachtung des indischen Bischofs LAWRENCE PICA-CHY über «An- und abwesende Konzilsväter»:

«Täglich sah ich Erzbischof Bazin in St. Peter knien und für den Glauben der Kirche in Burma beten. Das war 1964. Während der vierten Session kniete kein Erzbischof Bazin mehr im Petersdom. Die burmesische Regierung hatte keinem Konzilsvater die Reise nach Rom erlaubt. Erzbischof Bazin hat aber Stellvertreter gefunden: etliche von uns knien nun täglich da und beten für Burma».

Stellvertretung: ist sie nicht das Herzstück des Konzils, weil sie das Herzstück des Christseins überhaupt ist? Die Bischöfe in Rom haben sie nicht nur proklamiert – denn alles Reden von pastoraler und ökumenischer Zielsetzung, von Begegnung und Dialog, von Solidarität und Dienst meinte letztlich dies eine –, sie haben sie auch als personalen Anruf begriffen und realisiert. Jetzt ist der Anruf an das nachkonziliare Gottesvolk übergegangen: wird es ihn aufnehmen und nun für das Konzil einstehen (was nicht zuletzt auch bedeutet, daß es Paul VI. den «Vorschuß des Vertrauens» gewähren müßte, den er braucht, um sein Reformwerk durchzuführen)? Denn «ein Konzil», so sagt HELBLING rückschauend, «muß Ereignis bleiben; es darf nicht Zustand werden. Der Zustand aber, den es zu stiften vermag, rechtfertigt es als Ereignis».

Nicht daß alles, was in und neben diesem Konzil geschah, dem Geist und der Absicht des Ganzen immer entsprochen hätte. Ich denke dabei nicht nur an Worte und Verhaltensweisen, die in offenkundigem Widerspruch zu Solidarität, Dienstbereitschaft, Großmut und Selbstbesinnung standen; dergleichen blieb Randerscheinung, konnte das Gesamtbild nicht bestimmen und lieferte höchstens den ebenso «altmodischen» prinzipiellen Romfeinden Wasser auf die Mühle. Stärker schob sich zeitweise etwas anderes in den Vordergrund: eine gutmeinende Ahnungslosigkeit. An gutem Willen hat es wahrlich nicht gefehlt. Aber Erneuerung und aggiornamento lassen sich nicht mit dem guten Willen allein bewerkstelligen. Wir abendländischen Katholiken haben wohl zu lange im religiösen, geistigen und gesellschaftlichen Ghetto gelebt – wobei erzwungene Ausschaltung und freiwillige Selbstisolierung einander bedingten – und lernen nur langsam und mühevoll, wieder im Ursinn des Wortes «katholisch» zu denken und zu leben. Symptomatisch für das aufbrechende Verständnis war – um ein ökumenisches Beispiel zu nennen – die kleine, aber bedeutsame Änderung einer Kapitelüberschrift im Ökumene-Dekret: Kapitel I, ursprünglich «Die Prinzipien des katholischen Ökumenismus» betitelt, lautete in der Endfassung «Die katholischen Prinzipien des Ökumenismus». Damit ist ausgedrückt, daß wir «alle im selben Boot» sitzen und es nicht einen (konfessionalistisch verstandenen) «katholischen» Sonder-Ökumenismus neben der ökumenischen Haltung der übrigen Christen geben kann (WERNER BECKER). Die Titeländerung erkennt überdies die ökumenische Bewegung als «etwas Vorgegebenes» an, das «außerhalb unserer Kirche entstanden ist» (Kardinal JAEGER). Aber noch lange nicht alle Bischöfe waren sich der Konsequenzen bewußt, die ökumenische

Gesinnung bis in unseren religiösen Lebensstil hinein haben muß, und daß dies zuallererst ein großes Maß an ökumenischem Takt und Feingefühl fordert; daran aber mangelt es noch weithin. Als das Schlußdatum der letzten Session bekannt wurde, äußerte ein katholischer Theologe in persönlichem Gespräch: «Muß das nun schon wieder an einem Marienfest sein – und noch ausgerechnet an diesem mit der Assoziation zu einem der ‹neuen› Dogmen? Vier Tage später – und man hätte die herrlichen liturgischen Texte des Sonntags Gaudete zur Verfügung gehabt, wie geschaffen für den Abschluß des Konzils und ohne Gefahr, die getrennten Christen zu schockieren. Aber da fehlt's einfach am ökumenischen Fingerspitzengefühl!» Hatte er nicht recht? Mußte es wirklich sein, daß von den insgesamt acht Eröffnungs- und Schlußsitzungen vier auf ein Marienfest fielen (hierin ließ selbst Johannes XXIII. sein sonst so bemerkenswertes Feingefühl im Stich!), dazu noch (Ende der dritten Session) die gesteigerte Betonung durch die päpstliche Konzelebration mit den Oberhirten von vierundzwanzig Marienwallfahrtsorten und durch die Proklamation «Mutter der Kirche»? Auch Beobachter von so vornehmer Gesinnung wie etwa Professor CULLMANN haben das als ein Vertiefen des Grabens empfunden.

Manchmal können wir den Eindruck haben, afro-asiatische Konzilsväter und nichtkatholische Mitchristen hätten das «Gesetz der Stellvertretung» tiefer begriffen als wir: denken wir etwa an die «geistliche Entwicklungshilfe» jener afrikanischen und asiatischen Bischöfe, die sich zur Solidarität mit der einseitig abendländischen Konzilsthematik durchrangen; an die evangelischen Beobachter, die am Ende der dritten Session in unsere Niedergeschlagenheit hinein die Gnadendimension dieser Krise aufleuchten ließen und den Papst gegen unsere Enttäuschung verteidigten. Da ist dann aber auch – und das müssen wir ebenfalls sehen – jene Gemeinschaft von Bischöfen, die sich schon während der ersten Session zusammengefunden und zu einem Lebensstil äußerster Schlichtheit mit besonderem Engagement im Dienste der Armen verpflichtet haben; zu dieser Gemeinschaft gehören auch etliche europäische, nord- und südamerikanische Bischöfe.

Das alles dringt kaum in die Öffentlichkeit – auch deshalb, weil es in bewußter Diskretion der Beteiligten gelebt wird. Noch tiefer in das Christusmysterium der Stellvertretung hineingenommen ist das «unsichtbare Kloster»[1] der leidenden Konzilskirche: die unter Zwang abwesenden Bischöfe; jene, die zwar nach Rom reisen durften, aber dann staatlicherseits mit Vorwürfen überhäuft wurden; die Konzilsväter und -theologen, die Gesundheit und Leben drangaben.

In der Besinnung auf dies und anderes werden hinter dem äußeren Ablauf die Umrisse der inneren Gestalt des Konzils erkennbar. Wieder ist es ein evangelischer Christ – der dänische Beobachter Professor SKYDSGAARD –, der über das «verborgene Konzil» Tiefes und Gültiges ausgesagt hat:

«Wahrscheinlich stehen unsere Kirchen vor einer Zeit, in der alle eine große Verdemütigung auf sich nehmen müssen, die jeden noch so verborgenen ‹Triumphalismus› ganz gewiß ausschließen wird. Das Konzil, wie es sich sichtbar äußerte, hat das möglicherweise nicht ganz verstanden. Das ‹geheime Konzil› – wenn ich mich so ausdrücken darf – hat es aber begriffen. Dieses verborgene Konzil ist das wahre Konzil... Etwas Drängendes, fast Ungeduldiges war in diesem Konzil, ... etwas wie ein Schrei, der vielleicht nur von wenigen vernommen wurde. Etwas Unartikuliertes, Unformuliertes und Sich-selbst-nicht-Verstehendes... Das wahre Konzil ist größer als die Konzilsväter und als alle Kirchenfürsten und Kirchenführer, größer als alle Beobachter mit ihrem Enthusiasmus und ihrer Kritik».

In diesem «verborgenen Konzil» sieht SKYDSGAARD auch die Verheißung für die getrennte Christenheit: «Ich weiß sehr gut, daß das Wort ‹Ökumenismus› mehrere Bedeutungen haben kann, und ich weiß auch, daß vielleicht die Mehrzahl der Konzilsväter es einfach als ‹Rückkehr zur römisch-katholischen Kirche› verstanden hat. Trotzdem hatte das Konzil eine ökumenische Zielsetzung, die viel

---

[1] Das Wort vom «unsichtbaren Kloster» stammt von P. MAURICE VILLAIN und meint die weltweite innere Gemeinschaft aller Christen, die ohne besondere Satzungen ihr persönliches Leben, Beten und Leiden in den Dienst der christlichen Einheit stellen.

wirksamer war als die mehr oder weniger traditionellen Auffassungen von vielen Bischöfen, vielleicht selbst von Papst Paul VI. Wir sind unterwegs in *einer* Richtung, und zwar alle miteinander... Auf diesem Weg können wir nicht aufeinander verzichten».

Was KIERKEGAARD «Einübung im Christentum» nannte, wird für die nachkonziliare Christenheit heißen: zu lernen, was es bedeutet, daß wir nicht mehr aufeinander verzichten können.

Otto Karrer

Weltfriede, Menschenrechte und Religion

Aus: Schweizer Rundschau 34 (1934/35), S. 457–468.

Gehört der Friede unter den Völkern, die Überwindung des Kriegs, zu den Menschenrechten und -pflichten, die uns nach Gottes Willen, spürbar im sittlichen Gefühl und in der Offenbarung, zukommen? Und wenn ja, welche Mittel zu seiner Überwindung gibt es?

«*Weltfriede*» – der Begriff ist blaß ohne lebendige Vorstellung dessen, was sein Gegenteil, der moderne Krieg, ist. Manche haben Kriegsfilme gesehen; man kann über ihren Wert geteilter Meinung sein; denn es ist zu fürchten, daß sie weniger das moralische Gewissen als ein bloßes Gruseln und Sentimentalitäten wecken. Auch muß, zur «Ehrenrettung» eines künftigen Kriegs gesagt sein: mag auch die blutige Massenfunktion der Berufsheere nicht einfach wegfallen, wie einige Theoretiker meinten –, im ganzen wird doch der Krieg der Zukunft «humaner» sein als 1914–1918: er wird im Zeichen der Chemie stehen. Die Luftmanöver über Mailand 1927 und über Paris und London 1918 haben gezeigt, so sagen die Fachleute, daß in ein paar Minuten eine ganze Hauptstadt fast schmerzlos tot ist. (Freilich besteht keine Garantie, daß äußerst grausame Gase verwendet werden, wenn sie nur wirksam sind.) Eine wirksame Verteidigung dagegen gibt es nicht, und so schickt das (natürlich ohne Kriegserklärung) angegriffene Land sogleich auch seine Luftgeschwader über den Angreifer; und da es schon psychologisch kein Zurück mehr gibt, bedeutet der Krieg eine verhältnismäßig humane Art der gegenseitigen Vernichtung der dichten Bevölkerungen.

75

Dies zum Begriff Weltfriede, an seinem Gegenteil beleuchtet. Die Zusammenstellung mit dem Wort «Menschenrechte» hat wohl einen Sinn, wir spüren es.

Wir sind überzeugt von *Menschenrechten:* vom Recht auf Leben, Erhaltung und menschenwürdige Entfaltung des persönlichen Lebens – demgemäß von der Pflicht, es gegenseitig zu respektieren. In religiöser Sprache heißt es: Gott hat in unser sittliches Bewußtsein das Gesetz gelegt: «Du sollst nicht töten!» Gott hat das Leben, dieses jedem persönliche Leben, womit er jeden «bei seinem Namen gerufen», dieses Fünklein Licht, wodurch wir dem ewigen Lichtmeer zustreben, sich so vorbehalten, daß kein Mensch darüber verfügen, es mutwillig löschen kann; und es tun, bedeutet nicht nur einen Frevel am Menschen, es bedeutet einen Frevel an Gottes Hoheitsrecht.

Der Glaube an Menschenrechte führt von selbst zum *Schutz der Menschenrechte;* und weil der einzelne seine Rechte nicht genügend schützen könnte, darum hat schon bei Primitiven der Stamm, bei zivilisierten Völkern der Staat es den einzelnen abgenommen, die Menschenrechte zu schützen und zu gewährleisten. Wo Menschen eine Gemeinschaft bilden, gibt es kein Faustrecht mehr für den einzelnen; wo sie Kulturstaaten bilden, gibt es keine private Blutrache: die Gesellschaft stellt sich schützend und drohend vor ihre Glieder und schützt sie vor verbrecherischem Zugriff. In Kulturländern, innerhalb eines Volkes, gibt es nicht mehr (wenn es je gab) ein «Recht der Gewalt», nur eine «Gewalt des Rechts», und alle genießen dankbar die gute Ordnung, die ihre Menschenrechte schützt.

So gilt es im Einzelnen, gilt im Kleinen. Im Großen aber, im Völkerleben, da gibt es ein *«Völkerfaustrecht»*, wie Bischof Ketteler sagt. Was Individuen nicht erlaubt ist, ist Kollektivindividuen, Staaten, erlaubt. Unter Individuen wird Gewalt nicht als Rechtsmittel anerkannt, unter Kollektivindividuen ist es gerade die Gewalt, die Recht schafft, da hat der Stärkere immer «Recht» – vgl. Versailles. Der einzelne soll Gerechtigkeit und sogar Liebe üben; für Staaten, so scheint es, ist Recht, was nützlich ist, und von Liebe unter Völkern zu reden, ist vollends weltfremd. Der Staat, so scheint es, muß sündigen. Kurz, es herrscht eine doppelte Moral, eine für das Privatleben, und eine für das zwischenstaatliche Leben.

Wir begreifen, daß es zu unvollkommen bestellt ist mit Menschenrechten, wenn sie Glauben und Schutz nur in solchem Rahmen finden, und es gilt deshalb, die bestehenden *Lücken der Menschenrechte auszubauen:* den Bereich der Willkür und Leidenschaft einzudämmen, den Bereich der Ordnung, des Friedens (der nach Thomas «die Ruhe in der Ordnung» ist) weiter auszudehnen. Die Aufgabe konzentriert sich darauf, um es konkret zu sagen, das Recht zur Selbstverteidigung unter Staaten einzuschränken und möglichst durch etwas abzulösen, was für Volk und Menschheit nicht die unsäglich schweren Übel einschließt wie der moderne Krieg. Wir sagen: «das Recht zur Selbstverteidigung einschränken» – denn von Angriffskriegen erübrigt sich jedes Wort. Bekanntlich gibt es auch gar keine «Angriffskriege»; alle, nach ihrer Überzeugung, führen nur Verteidigungskriege!

Die Religion hat den Grundsatz des Naturrechts, wonach *Notwehr erlaubt* ist, unter *bestimmten Bedingungen* gelten lassen: wenn nämlich 1. ein Staat in lebenswichtigen Interessen angegriffen ist, wenn er 2. kein anderes Mittel zum Schutz seiner Rechte hat als Gewalt, 3. wenn die Gewaltanwendung in ihrer Durchführung und ihren voraussichtlichen Folgen für das Volk kein größeres Übel einschließt als das Ertragen des Unrechts, wenn also 4. in der Durchführung keinerlei Rache und Haß bestimmend ist und die Gewalt nicht weiter geht, als die Abwehr unbedingt nötig macht –: *dann* ist der Verteidigungskrieg kein Unrecht, sondern ist Ausübung gottgegebenen Rechts, ähnlich dem Notwehrrecht des Individuums. Darum hat auch das Christentum den Krieg nicht unter allen Umständen und bedingungslos verdammt und wird es nie tun. Schwerlich wird man die Richtigkeit dieser Idee bezweifeln können. Die Frage ist nur, ob heute – da über Vergangenes zu urteilen zwecklos ist –, ob heute unter den großen Staaten mit ihren Zerstörungsmitteln ein Krieg noch denkbar sei, und wäre es ein «Verteidigungskrieg» in bestem Glauben, der die genannten Bedingungen der Moralität erfüllte.

Überlegen wir: 1. *an der Quelle des Krieges,* an der Stelle, wo die Schleusen geöffnet werden, stehen *Staatslenker* – starke, auch vielfach hochgesinnte Menschen, gewiß, aber doch Menschen wie wir, – Menschen (wie Görres in seiner Schrift über die Heilige Allianz ausführt), wohl durch die Idee der Gesamtheit stark, die sie vertreten, sonst aber von Person schwach, gebrechlich, dem Irrtum, der Täuschung, der Übereilung und auch Verblendung unterworfen wie wir, und daher des Rates, der Beschränkung bedürftig, mehr als selbst der geringste Bürger: gerade weil sie fast ohne Kontrolle sind und die ganze Wucht des Ungeheuren auf der schwachen Spitze ihrer persönlichen, makellosen Gewissenhaftigkeit ruht. Es ist nicht nötig, mehr darüber zu sagen. Um 1900 war es jedenfalls richtig, was Hilty damals aussprach: «Die wahren Feinde des Friedens sind der Ehrgeiz und die List der Diplomaten, die in jeder Erhöhung der Macht ihres Staates einen Vorteil erblicken, der beständig erstrebt werden müsse, – und daneben die Torheit der Völker, die sich die wahren Güter des Lebens, die sie friedlich nebeneinander genießen könnten, um die vorübergehende Befriedigung eines Größenwahns abkaufen lassen, von dem immer nur wenige einen reellen Vorteil haben, während die Masse die Kosten zahlen muß»; und um 1925 war es richtig, was damals der deutsche Vertreter im Haag dem Hohen Rat zu denken gab: «Sorgen wir dafür, daß das Schicksal der gesitteten Menschheit in Zukunft nicht mehr von dem guten Willen und den Fähigkeiten einiger Staatsoberhäupter, Diplomaten und feiler politischer Hetzer abhängt!»

Vielleicht aber müßten wir, wenn wir von den Quellen und Hintergründen der Kriege sprechen, nicht die Politiker in erster Linie nennen; denn bekanntlich sind die Regierungen sämtlich abhängig von den *Großindustrien,* und bekanntlich sehen die mächtigsten unter ihnen den Krieg als ihr Dorado an. Vor einigen Jahren sagte Briand in Genf: «Was die gegenwärtige Lage der Friedensbestrebungen so schwer macht, ist die Tatsache, daß zuviel Interessen gegen den Frieden arbeiten: es sind die Munitions- und Waffenfabrikanten, sie arbeiten alle gegen die Verständigung.» Der Krieg in Ostasien ist bekanntlich «ein Lieferungsgeschäft der unter Führung von Schneider-

Creuzot stehenden internationalen Rüstungsindustrie», und von der heikelsten Stelle der Krise, Frankreich-Deutschland, sagte 1928 der Berichterstatter der Voss. Ztg. (7. 6. 28): «Die französische Schwerindustrie ist vorläufig *gegen* das Bündnis; denn dadurch würde ja der Ausbau der französischen Ostfestungen in den nächsten 10 Jahren hinfällig, an der sie schwer verdient. Dafür soll eher eine Aufrüstung Deutschlands gestattet sein, wenn die französische Rüstungsindustrie bei deutschen Heereslieferungen mit 25 Prozent beteiligt würde. Die deutsche Schwerindustrie soll sich hiermit einverstanden erklärt haben...»

Noch mancherlei ließe sich von den Hintergründen und Quellen des Krieges sagen. Über die *Moralität seiner Durchführung* genüge, was Benedikt XV. vom letzten Kriege gesagt hat: «Ein schreckliches, entehrendes Gemetzel, eine erschütternde Menschenschlächterei» – und was der Krieg von sich selber sagt, mit seinen 10 Millionen Toten und 20 Millionen Krüppeln und Verwundeten. In erhöhtem Maß würde es von der chemischen und mechanischen Apparatur eines künftigen Krieges gelten: Er wäre ein Hohn auf Menschenwürde, «ein Massenbrudermord, im absoluten Gegensatz stehend zu den elementarsten Grundsätzen christlicher Zivilisation» (Pius XI.).

Aber der *Sinn des Krieges* sei höchst moralisch, sagt man, nämlich «Wiederherstellung der *Ehre*»! Wie verhält es sich damit? Nach entsprechender Stimmungsvorbereitung durch die Interessierten in der von ihnen vollkommen abhängigen Presse, findet man einen Anlaß (wer sucht, der findet), um zu erklären, die Ehre des Staates sei durch den anderen Staat beleidigt worden. Selbst angenommen, die Darstellung sei in keiner Weise gefärbt, und die Beleidigung sei entsprechend ungeheuerlich, – wird wirklich wieder Ehre hergestellt durch Blut? Dann mögen im Blutvergießen auch jene ihr Volk vertreten, die seine Ehre vertreten: die Führer der Nationen mögen den ehrlichen Zweikampf kämpfen, statt ihre Völker, die Millionen Frauen und Kinder eingeschlossen, in unsägliches Elend zu stürzen. – Aber hat nicht *der Krieg sein Gutes fürs ganze Volk*? «Die Krone des Mannestums ist das Kriegertum», sagt man; von einem «Stahlbad» sprach man 1914. Wir kommen unten noch auf den wahren Kern des Gedankens zurück. Aber wie ist es mit dem *«Heldentum» des modernen Kriegs*? Gegen seine Zerstörungsmittel sind Helden gleich hilflos wie Feiglinge. Des Mannes Tapferkeit und selbst das Genie des Feldherrn bedeuten herzlich wenig. Was eine Mannschaft, die man mit Schnaps beduseln mußte, in diesem Zustand leistet, gehört mehr dem Bereich des Untermenschlichen als des Heldischen, Übermenschlichen an. Wohl ist selbst in den Tagen, als «im Westen nichts Neues» war, das Wunder einer unerhörten Kameradschaft im Schmutz der Schützengräben tausendfach aufgeblüht – das war in der Tat etwas immer «Neues» in Ost und West, weil es die Spur des Göttlichen, Ewigen in diesen Menschen war; aber braucht es zu diesem Edlen just der Greuel des Kriegs? Muß die Tugend im Dienst der Vernichtungstechnik stehen statt der gemeinsamen Schöpferarbeit, Aufbauarbeit, Siedlungsarbeit und aller hohen Ziele der Menschenliebe? Und wohl hat auch die Widerstandskraft und Geduld erstaunliche Ausmaße angenommen und sind die großen Kriegsleiden für einzelne heldenhafte Naturen zum Segen, zur Läuterung der Seele geworden; aber muß man denn Leiden künstlich schaffen in dieser Welt, damit einige das Dulden lernen? Und was ist ihre Tugend im Vergleich zur ungeheuren moralischen Zerrüttung, die der Krieg in Schützengräben und Etappen trug, und zur Verwahrlosung der jungen, vaterlosen Generation? Es dürfte genug sein, um zu zeigen: Mag es in der Idee wohl einen gerechten Krieg geben, in der Wirklichkeit fehlen dem technischen Massenkrieg von heute alle Bedingungen, die die christliche Sittenlehre und überhaupt das moralische Gefühl im Menschen für den erlaubten Krieg aufstellt.

Was folgt daraus praktisch? Sollte *die Kirche den Krieg* an sich und bedingungslos *verdammen*?

Im Bewußtsein, daß 1. eine bedingungslose Verurteilung *ungerecht* wäre, weil der Krieg an sich sowohl gerecht wie ungerecht sein kann (nach dem Naturrecht, wie gezeigt), daß 2. eine Verurteilung im höchsten Maße *mißverständlich* wäre: als ob nämlich die Idee des Christentums sich gewandelt hätte, während doch nur die Wirklichkeit des Kriegs, seine Mittel und seine Ausdehnung auf Wehrlose und Unbewaffnete, sich gewandelt hat, und schließlich 3. im Bewußtsein, daß eine bloße Verurteilung des modernen Krieges durch die Kirche (schon bei sog. christlichen Staaten, um wieviel mehr bei asiatischen) vollkommen *wirkungslos* wäre, wenn nicht positive Mittel und Wege zur Vermeidung des Krieges aufgezeigt und erschlossen werden –: haben die maßgeblichen kirchlichen Stellen die Kriegsklage aufs eindringlichste mit *konkreten Vorschlägen zur Überwindung des Übels* verbunden. Nicht nur daß der edle Pius X. vor seinem Sterben aussprach: «Wir segnen alle Bestrebungen zur Vermeidung der Kriegsschrecken, als dem Geist des Evangeliums innerst gemäß», – sein Nachfolger Benedikt XV. ist in wiederholten Botschaften und Friedensvermittlungs-Versuchen zum klassischen Lehrer der Friedensgesinnung und der Friedensorganisation geworden: «Die Lenker der Geschicke der Völker bitten und beschwören wir, ihre Gedanken darauf zu richten, alle ihre Streitfragen dem Wohl der menschlichen Gesellschaft zu opfern» (1914). «Der allererste und wichtigste Punkt muß dabei sein, daß an Stelle des materiellen Rechts der Gewalt die moralische Gewalt des Rechtes tritt. Infolgedessen soll eine gerechte Verständigung aller über die gleichzeitige und gegenseitige Abrüstung erfolgen, und zwar nach dem Maß: Was ist zur Aufrechterhaltung der Ordnung innerhalb der einzelnen Staaten nötig und ausreichend? Dann käme an Stelle der Heere die Einrichtung eines Schiedsgerichts mit feststehenden Normen und mit Sicherungen gegenüber dem Staat, der sich weigern sollte, die gemeinsame Frage dem Schiedsgericht zu unterwerfen und seine Entscheidung anzunehmen» (1917).

Dem edlen Friedensmann bleibt das Verdienst, durch seine Autorität zur *Idee* des Völkerbundes die moralische Anregung gegeben zu haben, – freilich eine viel *weitergehende* Anregung, als dann der Völkerbund *wirklich* übernahm. Denn eine allgemeine Verpflichtung zum Beitritt und Schiedsgericht hat der Völkerbund nicht; und wenn auch die moralische Rechtsidee aufgenommen ist mit den Worten der Satzung: «Förderung der Zusammenarbeit der Völker, Gewährleistung des internationalen Friedens und der gemeinsamen Sicherheit, wofür die Nationen bestimmte Verpflichtungen übernehmen, die auf Recht und Ehre gegründet sind, um sie gewissenhaft einzuhalten» – ich sage, wenn auch von «Recht, Verpflichtung, Gewissen» die Rede ist, so scheint das Wort *Sicherheit* mehr zur Bewahrung der aufgeteilten Beute als zur Bewahrung des Rechts gemeint zu sein, und scheint überhaupt das Vertrauen auf eine absolute *Moral* recht bescheiden im Verhältnis zum Vertrauen auf den *Nutzen*, den sich die Partner von ihrem Zusammenwirken versprechen. Man wird das wohl angesichts der menschlichen Wirklichkeiten verstehen können, aber wird mit den besten Freunden des Völkerbundes darin eine *fatale Schwäche* sehen müssen, zu deren Überwindung mit allen Kräften sich einzusetzen, eine Aufgabe aller religiös-gesinnten Menschen ist – wenn nicht das letzte Fünklein Hoffnung auf die «Genesung» des Völkerbundes endgültig dahin sein soll.

Die Erfahrung hat ja zur Genüge gezeigt, daß *Verträge auf dem Papier* stehen, wenn sich die Partner nicht absolut, das heißt letztlich: religiös, verpflichtet fühlen. Die phantastischen Vorstellungen, die man sich von der Völker vereinenden Kraft des Kapitals, der organisierten Arbeit, der gemeinsamen Handelsinteressen, der wissenschaftlichen Zusammenarbeit gemacht hat, haben sich schon durch den Krieg als leeren Traum erwiesen. Überflüssig, es im einzelnen anzuführen, wie M. Scheler (Schriften zur Soziologie, III. Bd.) getan hat. Wir spüren alle: die ehrliche, unbedingte Friedensgesinnung, die die Voraussetzung jeder Friedensorganisation ist, kann durch keine «Kraft von unten her» begründet werden. Alle menschlichen «Interessen», Nützlichkeiten, Vorteile, kommen zur Sicherung des Friedens höchstens in zweiter Linie in Betracht, und sie versagen im Ernstfall. Gibt es nicht neue, aus diesen Interessen nie hervorgehende Geistes- und Liebeskräfte einzusetzen, so ist der Weltfriede eine hoffnungslose Sache. Die Sonderinteressen werden nicht durch einfache Zusammenlegung der Interessen überwunden, sondern durch ein Prinzip, das grundsätzlich etwas anderes ist als Nützlichkeitsinteresse, durch eine vom Trieb verschiedene, ja ihm entgegengesetzte, *von oben kommende* moralische und spirituelle Kraft: nur durch gemeinsame Bindung (religio) ans Übermenschliche, vor dessen Majestät alle Habsucht, Machtsucht, Ehrsucht, alle Ungerechtigkeiten und Lieblosigkeiten als Sünde entlarvt sind. Das Bewußtsein und die Anerkennung solcher unbedingten Verpflichtung ist schon Religion. Zugeben: *ohne moralische Verpflichtung kein Friede* – heißt gestehen: *ohne Religion kein Friede.*

Für Christen ist *die Bibel* die Norm des Sittlichen, ist Gottes Wort, Gebot, Verheißung. Die Leitideen der Bibel sind nicht nur Katholiken und Protestanten gemeinsam, auch die religiöse Menschheit überhaupt, die Göttliches über dem Menschlichen ehrt, wird in den sittlichen Leitideen des Evangeliums auch die Stimme ihres Gottes im Herzen fühlen. Nun ist es gewiß richtig, daß eine direkte Ächtung des Krieges nicht im Evangelium steht, aber ebenso richtig ist, daß der *Geist* des Evangeliums, der Geist des Christentums, ja der Geist der Religion überhaupt sich *mit dem Krieg nicht vereinen* läßt, wie wir ihn heute kennen!

Nach dem Gotteswort der Bibel ist ein Gottesreich der *Menschheit,* wozu alle Menschen berufen sind. Es ist nicht begrenzt [durch] die Form des Glaubens und Kultes, unbeschadet einer besonderen Heilsstiftung; es ist so weit, wie die Gesinnung des Glaubens und der Liebe, wie sittlich-religiöse Gesinnung reicht. So ist die Menschheit überhaupt «in Gott». Sie bildet eine Gemeinschaft, die im Bewußtsein des gemeinsamen göttlichen Ursprungs, der gemeinsamen göttlichen Ebenbildlichkeit, des gemeinsamen ewigen Zieles gründet; eine Gemeinschaft, in der «nicht Griechen oder Barbaren, nicht Juden oder Heiden», nicht Deutsche oder Franzosen als solche gelten: in der alle Brüder, Menschenbrüder, zu Gotteskindern berufen sind.

Das schließt nicht eine *organische Struktur* der Menschheit aus, schließt sie vielmehr ein. Der Mensch wächst wie in Familie so in Volk und Staat, die ihm näherhin Heimat sind und deren mannigfache Besonderheiten des Blutes und Geistes ihre Bedeutung auch für das Menschheitsganze haben. Und wie der einzelne der Volksgemeinschaft bedarf zu seinem gesunden Wachstum, so bedarf auch jedes Volk zu seiner gesunden Entfaltung des Zusammenhangs, der Gemeinschaft, des Friedens mit den andern Völkern, also des Zusammenhangs in einem Übervölkischen. Die Religion, die das menschliche Leben in seiner Gesamtheit vor das Angesicht Gottes stellt, lehrt dementsprechend eine *Vaterlandsliebe* in Bejahung des göttlichen Schöpferwillens, aber sie lehrt auch, als gleiche Forderung göttlichen Willens, *«Gerechtigkeit und Liebe» zu allen Menschen*, nahen und fernen. Sie lehrt alle «Vater unser» sagen, lehrt alle lieben als Kinder des einen Vaters. Für die Religion ist es unerträglich, wie Papst Benedikt XV. sagt, daß «Gerechtigkeit und Liebe nur in privaten Bezirken gelten sollten», und nicht unter Diplomaten, sofern sie ihr Volk vertreten. Indem sie Gerechtigkeit und Liebe *auch da* verlangt, verlangt sie den Frieden. Denn die Gerechtigkeit (nach Thomas) räumt die Hindernisse des Friedens weg, der Friede selbst ist die Tat der Liebe. Frieden aber verlangen, heißt den Krieg verbannen. Das Evangelium verlangt den Frieden: «Friede den Menschen auf Erden», und «selig sind, die für den Frieden wirken».

Gewiß ist das Wort zunächst auf den «Herzensfrieden» bezogen – aber eben als Wurzel, inneren Grund, aus dem der äußere Friede von selbst erblühen muß: anders wäre nicht Friedensgesinnung innen. Der Religion ist es nicht *direkt* um äußere Zustände zu tun, es ist ihr um den neuen Menschen zu tun, durch den die neuen Zustände werden sollen. Sie pflanzt Gesinnungen in die Herzen, und dies um Gottes willen. Wie sie für die Familienordnung einsteht, indem sie nicht erst den Ehebruch, sondern die böse Begierde verneint, so steht sie für die Ordnung der Völker, den Frieden ein, nicht erst, indem sie den Krieg verneint, sondern indem sie die *Wurzel des Krieges*: den Haß, die Habsucht, die Überhebung brandmarkt. Der Krieg (immer abgesehen von wirklicher Notwehr) ist nicht deshalb unmoralisch, weil Blut fließt, (das könnte als Sentimentalität erscheinen), er ist es deshalb, weil er Streit ist, weil er die Vaterschaft Gottes verneint, die Brüderlichkeit der Menschen, die Barmherzigkeit gegen den Bruder Mensch.

Nun aber, es läßt sich nicht verhehlen: der Appell des Evangeliums an das Gewissen, an religiöse Bindung, an Pflicht im Angesicht des allheiligen Gottes, beleuchtet eine wahrhaft *tragische Situation*, in der jedes Friedenswerk steht. Eine Friedensorganisation einerseits, die es auf «Nützlichkeit» und Interessen abstellt, kann eine Zeitlang wohl eine mehr oder weniger große Zahl von Nationen zusammenführen: solange sie nämlich sich dringlichst aufeinander angewiesen fühlen, d. h. bis das partikuläre Interesse überwiegt; mit andern Worten: eine solche Organisation *entbehrt der absoluten Bindekraft*. Und anderseits, eine Organisation, die es auf Moral und religiöse Bindung abstellt, hat zwar die absolute Kraft für jene, die vom religiösen Prinzip erfaßt und tief durchdrungen sind, aber sie *wird nie alle erfassen*, nie alle mitreißen. Wie die Menschen sind, ist Religion und moralische Bindung weit entfernt, schon jederzeit im Privatleben, geschweige denn im nationalen und internationalen Leben dermaßen *die* beherrschende Kraft zu sein, daß sie jederzeit die menschliche Selbstsucht (hier der Individuen, dort der Völkerindividuen) niederzuhalten, zu mäßigen und zu leiten vermöchte. Das Ideal, das Christus aufstellt: lieber Unrecht leiden als Unrecht tun, Böses nicht mit Bösem vergelten, die Linke darreichen dem, der auf die Rechte schlug – ist eine Höhe, zu der die Reinsten, Edelsten sich erheben, und auch diese nicht gleich von Anfang an, aber nie die Masse, nie die Völker. Es ist schon viel (und ist das Größte in der Menschheit), daß die moralische Idee und Forderung sich überhaupt, der Wirklichkeit zum Trotz, behauptet. Nie triumphiert sie in der Welt. «Die Welt liegt im argen», sagt die Schrift, d. h. die Menschheit, wir alle, die in Schuld sind. Vom Anfang der Geschichte bis zum Ende stehen sich Gottesreich und Weltreich gegenüber, in jedem einzelnen und im Ganzen: das Gottesreich, d. h. der Geist der Gerechtigkeit, Liebe, Demut, Barmherzigkeit – das Weltreich, d. h. der Geist der Habsucht, Ehrsucht, Machtsucht; biblisch gesprochen: *concupiscentia* (Selbstsucht) gegen *caritas* (göttliche Liebe). Immer von vorn in jedem muß das Gottesreich werden, und es kommt nie in uns zu Ende, also auch nicht in dieser Welt. «In der Welt werdet ihr nicht den Frieden haben.» Unmöglich, das «Seufzen der Schöpfung» zu überhören, die «in Wehen liegt» um die Erlösung.

Wird es je anders sein in einer Geschichte der *Zukunft*? Es sieht nicht danach aus – und wir glauben auch nicht, daß es in Gottes

Weltplan liege. Der Kampf ist geradezu Daseinsform der Menschheit, und wir haben in Natur und Offenbarung für diese Welt kein Zeichen, daß sie je Himmel werde ohne Kampf und Blut und Tränen. Schon das leibliche Leben steht im Zeichen des Daseinskampfes durch alle Stufen: die Pflanze spaltet den Stein mit ihrer Wurzel, das Tier nährt sich von der Pflanze, von beiden fristet der Mensch sein Leben und ringt um seinen Platz unter andern. Des Menschen Lebenskraft, Gesundheit, Tüchtigkeit ist auf Reibung, Kampf, Gegensatz angewiesen. «Ruhe ist auf dem Kirchhof.» Das gilt im Einzelleben wie im Völkerleben. Wohl soll Gerechtigkeit herrschen und sollen die Völker den Streit nicht suchen. Aber selbst wenn alle die reinste Gerechtigkeit wollten, pflegen nicht alle einer Ansicht zu sein, was gerecht sei. Überzeugungen stehen gegen Überzeugungen; Rechte gegen Rechte prallen aufeinander im Völkerleben wie Sterne in Gottes Weltraum.

Und es ist gut so. Wenn es auch hart für Humanisten und Naturalisten, Sozialisten und Pazifisten zu hören ist: es ist, christlich gesehen, *Gottes Plan* zu der Menschen Läuterung. Ein «ewiger», stets gesicherter Friede wäre Erschlaffung, Fäulnis. Mögen Materialisten, denen das Leben der Güter höchstes ist, die Bedrohung des irdischen Lebens und Wohlbefindens folgerichtig für das größte Übel halten (weil mit seiner Bedrohung *alles* bedroht, mit seinem Verluste *alles* verloren sei) – Christen können es nicht. Sie kennen höhere Werte als den Frieden des äußeren Daseins, und für diese Werte ist ein gesicherter Friede, das feiste Wohlleben der Spießer, keineswegs die idealste Voraussetzung. Denn nichts kann der Mensch weniger vertragen als eine Reihe von guten Tagen, heißt es beim Dichter. Das Beste in uns wird durch Widrigkeit, Kampf, Gefahr geweckt. Persönlicher Mut, Einsatz, Wagnis, Opfersinn, Selbsthingabe: die edelsten männlichen Tugenden werden im Kampf gezeugt, im Leiden und in irdischer Not.

Wahrhaftig, das Christentum enthebt des Kampfes nicht und verheißt in keiner Phase der Weltentwicklung einen gesicherten äußeren Friedensstand. Wenn es auch nicht die Religion von Landsknechten und Haudegen ist –, so ist es auch nicht für Schwächlinge, die vor dem Kampf des Lebens fliehen. Es rechnet, wie mit andern Übeln in der Welt, so auch mit äußerem Unfrieden, wie unter einzelnen, so unter Völkern. Was es verwehrt, ist Ungerechtigkeit. Was es gebietet, ist Einsatz – wenn es sein muß, bis zum physischen Kampf und bis zu Leiden und Tod – für die Gerechtigkeit. Was es verwehrt, ist böse Begierde, Selbstsucht, Selbstüberhebung gegen Gottes heilige Rechte und gegen Rechte der Mitmenschen. Was es nicht verwehrt, unter Umständen sogar fordert, ist Kampf für die Gerechtigkeit, Kampf zum Schutz der Heimat, des Volkes – Kampf, wenn es sein muß, mit dem Schwert in der Hand, wenn *anders* die gemeinsamen Rechte, Leben und Freiheit, nicht zu verteidigen sind. Der Krieg ist in solchem Falle ein moralisch notwendiges, physisches Übel. Ein Gut ist der Friede – wenn auch der «gesicherte», ewige Friede für Menschen ein fragwürdiges, zweifelhaftes Gut ist. Den Krieg nach Möglichkeit vermeiden – also die Hauptursache, die zum Kriege führt, den Eigennutz, in sich bekämpfen und auch in der Umwelt ihm möglichst entgegenwirken: Aufgabe des religiösen Menschen in vollkommener Klarheit darüber, daß die Welt trotzdem nie aus lauter Selbstlosen, Gerechten, Heiligen bestehen wird und also Gewalttaten wie im Kleinen so auch im Großen immer wieder vorkommen werden. Läuterung, wenn nicht Vollendung, ist uns aufgetragen: jedem an seiner Stelle, indem er *für sich* dem Ideal der Bergpredigt nachtrachtet; und jedem außerdem dadurch, daß er im sozialen Leben, soviel er kann, für den Frieden wirkt. Das «Ziel» ist hienieden nicht zu sehen; der *lucidus ordo*, worin sich Gerechtigkeit und Friede küssen, worin die Gespaltenheiten und Dissonanzen aufgehen, ist hinter den Schleiern dieser Zeit. Wir weben an einem Teppich, der auf der einen Seite, wo die Fadeneinschläge sind, nur ein krauses Gewirre zeigt; nur von oben, von Gott her, ist Sinn, Schönheit und Ziel. Am Sinn verzweifeln, hieße das Höhere in uns selbst aufgeben und es dem Tiere opfern, das in uns ist. Aber der Wille zum Guten, zur Gerechtigkeit, der den Auftrieb der Menschheit darstellt, ist Gottes Werk in uns. Das Menschliche kann nur dem Augenschein nach das Göttliche besiegen. Christus, der tragische Held, ist wohl das Opfer der Ungerechtigkeit, aber in seinem Opfer hat er den Willen Gottes vollbracht, die Treue bewahrt, die Welt überwunden. Seither ist freilich das Kreuz das Zeichen, daß, wer Großes will, auch Großes leiden muß.

Die Segnungen des Kampfes für das Gute und für den Frieden erfahren wir schon im Kampfe selbst, im Willen und Einsatz für das Heilige. Nicht so, wie wir wohl kindlich es meinten. Es geht uns wie im Märchen den Söhnen jenes Mannes, der sterbend ihnen das Graben nach dem Schatz im Acker aufgetragen: den Schatz, wie sie ihn meinten, fanden sie nicht, aber indem sie ihre Kraft einsetzten, holten sie auch alle Segnungen des Bodens aus ihm heraus. Nie also können wir die Hände in den Schoß legen und sagen: «Ob Krieg oder Friede in der Welt – den Frieden, den Christus meinte, kann ich immer haben» –, wir können es deshalb nicht, weil so der Friede Christi gar nicht in uns bestehen könnte; denn der Friede Christi ist an das Gute gebunden, und das Gute ist an den Kampf für das Gute gebunden, und zum Kampf für das Gute gehört auch das Leiden für die Gerechtigkeit. Jenes «Selig, die für den Frieden wirken», steht nahe beim andern: «Selig, die Verfolgung leiden um der Gerechtigkeit willen.»

Die Tragik des Kampfes für den Frieden ist die Tragik des Kampfes für das Gute überhaupt. Kein Wahrhafter kann die Augen davor schließen. Das Kreuz gibt den tiefsten Aufschluß über die Menschheitsgeschichte. Aber die Religion, die an den göttlichen Sieger gerade in seinem Opfertod glaubt und ihn sprechen läßt: «Vertrauet, ich habe die Welt überwunden», sie kann sich nicht mit Kreuz und Tragik als Letztem abfinden; aus dem Widerspruch des Kreuzes sieht sie die Auferstehung werden, und höher als die Stimme der Klage über das Erdenlos klingt die göttliche Stimme im Menschen: die Stimme der «Hoffnung wider Hoffnung» und des Vertrauens an einen höheren Sinn in aller irdischen Fügung –, so daß des Christen *Beten* nicht bloß ein Beten um «Ergebung» ist, sondern ein Beten um «Kraft» und ein *Schaffen* mit Gottes Willen, daß «zu uns komme *Dein* Reich», das «*regnum pacis et justitiae, regnum veritatis et gratiae*».

Otto Karrer

Die Gottesidee im Islam

Aus: *Ders.:* Das Religiöse in der Menschheit und das Christentum.
Freiburg i. Br.: Herder, 1934, S. 57–62.

Daß die jahrhundertelange Bedrohung der christlichen Welt durch
den *Islam* einer objektiven Würdigung nicht gerade günstig war, ist
begreiflich. Um so dankbarer dürfen wir für die neueren Forschun-
gen, besonders von M. Horten, L. Massignon, M. A. Palacios, Tor
Andrae sein, die uns wieder deutlich zum Bewußtsein brachten, wie
sehr der Islam in seinem Besten ein Ableger alt- und neutestamentli-
cher Überlieferung ist. Der Islam ist keine selbständige Religion. In
seiner Entstehung wie in seinem Inhalt ist er eine Nachbildung des
Christentums auf dem primitiven Kulturboden der arabischen Stäm-
me.

Mohammed heißt «der Prophet». «Gott ist groß; es ist kein Gott
als nur er, und Mohammed ist sein Prophet», lautet der Lobspruch
des Muessin (Gebetsausrufer), zugleich das Glaubensbekenntnis jedes Moslem. Dürfen wir vom «Propheten» Mohammed reden? Reli-
gionspsychologisch gewiß. Das heißt: er war es in seiner Überzeugung und ist es im Glauben seiner Gefolgschaft. Wir nannten ihn
einmal, dogmatisch messend, nur den «Lügenpropheten», und gewiß
wird ihn auch heute niemand von uns in die Reihe jener heiligen
Gestalten versetzen, die Erwecker Israels waren. Aber der Mann, der,
von Gottes Macht und Barmherzigkeit ergriffen, als Ekstatiker durch
alle religiösen Wonnen und alle Schauer gegangen, der mit der Pro-
phetie des nahen Gottesgerichts und mit den stärksten Anforderungen die entartete Umwelt aufgerüttelt, heftigste Widerstände, Verfol-

gungen, Leiden ohne Zagen durchgemacht – der Mann, der in der religiösen Erneuerung seiner Umwelt Gottes Herrlichkeit, Macht und Barmherzigkeit über alles stellte, der als religiös-sozialer Erwecker überall Bruderliebe, werktätige Milde, Hilfe für die Armen, Hebung der Sklaven und der entrechteten Frauen predigte und durchführte (freilich nicht alles auf einmal wollte und konnte und auch in manchem selbst den Schwächen seines Stammes, List, Rachsucht, Sinnlichkeit seinen Tribut erstattete – dennoch aber bei seinem Tode als Zweiundsechzigjähriger seine Jüngerschaft mit dem glühenden Glauben hinterließ: «Wer Mohammed anbetet, wisse: Mohammed ist tot; wer aber Gott anbetet, wisse: Gott lebt immer und wird nicht sterben») –: *der* Mann ist gewiß kein Heiliger, aber auch kein Teufel. Mehr und mehr hat sich die Einsicht Bahn gebrochen, wie sehr der Prophet des Islam für seine Zeit und seine Kulturstufe einer der großen Wohltäter der Menschheit war. Wie überall muß man auch im Islam unterscheiden zwischen Lehre und Bekennern, bzw. dem allgemeinen Kulturniveau der letzteren, sofern davon das Verständnis auch der reinsten Lehre wesentlich mitbedingt ist. Wie viel barbarischer ist z. B. das Christentum in Abessinien gegenüber dem europäischen – und wie viel Unterschiede der Geistigkeit und Innerlichkeit auch innerhalb des *einen* Katholizismus! So ist auch das Mohammedanertum im Sudan entarteter, «wilder» gegenüber dem in den altmoslemitischen Kulturländern (man denke nur an das maurische Altspanien!): eine verwilderte Form voll Aberglauben, mit einem überwuchernden Kult von Talismanen, mit Hexenglauben und priesterlichen Zauberern, die zugleich Sklavenhändler sind und immer wieder den Fanatismus der Derwische entzünden. Das Passionsspiel im heutigen Persien zur Erinnerung an den tragischen Tod des Hussein, eines Enkels Mohammeds, hat als Höhepunkt die grausamsten Selbstverstümmelungen. Aber die religiöse Lehre in sich ist etwas anderes. Das Bewußtsein der Abhängigkeit von Gottes Willen, des Vertrauens auf seine Barmherzigkeit sind die Grundmotive mohammedanischer Frömmigkeit. «Im Namen Gottes, des Erbarmers, des Barmherzigen» – so fängt die erste Sure des Korans an, und es ist vielleicht neben dem obengenannten Glaubenshauptsatz das geläufigste Wort, das über muslimische Lippen kommt, und das bezeichnendste.

Schon der Name «Islam» bezeichnet den Grundzug dieser Religion: er bedeutet Ergebung (nämlich in Gottes Willen). Gott ist die absolute Macht; der Mensch sein Sklave, sein Los wie alles vorherbestimmt. Dennoch ist die Hingabe ein verdienstliches Tun: zieht den Himmel nach sich, wie das Gegenteil die Verdammung.

Und der Allmächtige, Heilige ist auch der Barmherzige. Darum hat er sich offenbart. Darum schickte er den Propheten. Darum ist der Koran erfüllt von Vorschriften über Gebet, Wohltätigkeit, Keuschheit. Alles, auch das Profane, soll ein Gottesdienst sein. Der Gedanke an Gottes Heiligkeit und Barmherzigkeit begleitet den Koranfrommen im ganzen Tagewerk. «Worin besteht das Guttun?» fragt der Schüler in den Hadith, d. i. den Überlieferungen neben dem Koran. «Darin, daß du Gott dienst, als ob du ihn sähest. Wenn du ihn auch nicht siehst – er sieht dich doch.»

Und welchen Aufstieg im Sinn der Vergeistigung und Verinnerlichung hat nicht der Islam im großen ganzen von seiner stürmischen Jugend bis heute durchgemacht! Hier kommt besonders seine fortschreitende Durchdringung mit dem sog. Sufismus in Betracht, der seinerseits ein Gemisch von indisch-persischer Mystik mit ausgesprochen christlicher Frömmigkeit darstellt. Der Sufi sieht das geistliche Leben als eine Pilgerreise an, als einen «Weg», auf dem die Seele von Fortschritt zu Fortschritt eilt durch Gottes Gnade. Die Stufen aber sind diese: «Reue, Enthaltsamkeit, Verzicht, Armut, Geduld, lebendiger Glaube an Gott, Stillung.» So kommt man zur Erkenntnis, wird ein «Wissender».

Eine der größten Gestalten dieses mystischen Islam ist eine Frau: Rabia mit Namen, eine Freigelassene aus Bosra. Selbst der größte «Kirchenlehrer» des Islam, Ghazali, betrachtet sie als erstklassige Autorität. Ihre älteste Lebensbeschreibung stammt aus dem 13. Jahrhundert und gibt die religiöse Stimmung dieser Zeit wieder, sie selbst aber ist um 800 gestorben. Sie sieht einer christlichen Mystikerin zum Verwechseln ähnlich. «Heiligung des Selbst durch innige Gottesliebe» ist der Inhalt ihres Lebens und ihrer Lehre. In ergreifenden

Worten spricht sich bei ihr diese Liebe aus:

«O mein Herr, wenn ich zu dir bete aus Furcht vor der Hölle, so verbanne mich in die Hölle! Wenn ich zu dir bete aus Hoffnung auf das Paradies, so schließe mich aus von ihm! Aber wenn ich zu dir bete um deinetwillen, so entziehe mir nichts von deiner ewigen Schönheit! – O mein Gott, ich kann nicht in der Welt leben ohne Erinnerung an dich, und wie könnte ich's in der kommenden aushalten ohne deinen Anblick? O mein Herr, mein Seufzen vor dir ist nichts; denn ich bin ein Fremdling in deinem Lande und vereinsamt unter deinen Verehrern.»

Daß diese Frau um der ungeteilten Gottesliebe willen jungfräulich blieb, sei nur nebenbei erwähnt.

Das ist der Geist des Sufismus. Dank dieser segensreichen Verbindung des Korans mit geistiger Mystik, bald nach dem Propheten einsetzend, gibt eine Innigkeit wie nicht häufig selbst im geschichtlichen Christentum den Grundton einer gehobenen Schicht von mohammedanischer Frömmigkeit an. Zeitweise in einem Maße, daß darüber die Verschiedenheit der Bekenntnisse, der Gegensatz zum Christentum, an Bedeutung verlor gegenüber dem zentralen Erlebnis in der Religion: dem gläubigen Gottvertrauen und der Liebe.

Ghazalis, des «moslemischen Augustinus», Bedeutung liegt in der Tatsache, daß er die Mystik endgültig mit der Orthodoxie versöhnte. Wir kommen später im Gebetskapitel auf ihn zurück. Seine außergewöhnlich reine, der christlichen Mystik nahestehende religiöse Lehre spricht sich in seinem Werk «Von der Erneuerung der Wissenschaft durch die Religion» aus, worin er die Forderung durchführt, daß Religion als innerliches Erlebnis gepflegt werden müsse und daß nur so die «Kasuistik und Scholastik» ihren tieferen Sinn erreiche: wenn sie von Mystik beseelt sei. Ein so vertiefter und verinnerlichter Islam fand bis Holländisch-Indien Verbreitung, wie u. a. dort verbreitete mystische Abhandlungen seiner Schule dartun. «Im mystischen Einungserlebnis», sagt der Berichterstatter G. Simon, «überwältigt Gottesliebe den Menschen und gibt ihm das Gefühl, als ob er seinen Wesenskern verlöre und ganz von Gottes Wesen eingenommen werde.» Aber es ist nicht pantheistische Einheit: «Der Mystiker handelt durch den Willen und durch die Liebe seines Herrn.»

Um aber nicht bloß vom gebildeten Mohammedanertum zu reden: welch tiefer Glaube, welche Gottessehnsucht und Gottesliebe gibt sich in den großen Pilgerfahrten des muslimischen Volkes kund, in den ungeheuren Strapazen, die diese Menschen auf sich nehmen! Hunderte jährlich weihen sich dem sichern Tode in der Entbehrung und den unhygienischen Verhältnissen dieser Massenfahrten. Aber was gilt das Leben im Vergleich zur Seele, im Vergleich zu Gott? Mit Trost im Herzen und Freude stirbt man, wenn man nur Mekka sehen durfte, die heilige Lade, und auf dem Berg Arafat, d. i. «Dankbarkeit», bei Mekka, wo nach der Überlieferung die Stammeltern sich in Reue und Buße in ihr Schicksal fanden, das «Licht der Erlösung» erblickt: vollkommenen Ablaß aller Sünden, mit der Erlangung der Unschuld durch die gnadenvolle Erbarmung Gottes!

Man mag heute die Muselmänner in der Türkei oder in Nordafrika, in Persien, Afghanistan oder Vorderindien, von den breiten Schichten des Volkes bis zu den straffen Ordensverbänden des Ahmed Jesevi betrachten: überall setzt die Tiefe und Kraft des religiösen Empfindens den besuchenden Europäer in Erstaunen. Nur allermodernste europäisierte Jungtürken sind davon ausgenommen. Es sind besonders die Orden im Islam, die seine Lebendigkeit verbürgen: religiöse Vereinigungen, deren Mitglieder (Derwische) für gewöhnlich in der Welt verbleiben und sehr zahlreich sind. So zählt man von 4 Millionen Moslems in Algier 300 000 Ordensglieder. Durchaus nicht alle pflegen jene ausschweifenden Bußübungen und Selbstverstümmelungen, die man aus Reiseberichten kennt. Gerade die angesehensten und ältesten Orden haben nichts damit gemein. Ihr Einfluß auf die Volksfrömmigkeit ist groß – freilich bis zu den Ausschreitungen des Fanatismus (Mahdibewegung, Heilige Kriege usw.), aber im allgemeinen durchaus im guten Sinne. Vor wenigen Jahren noch konnte man auf den Straßen Konstantinopels, in den Schulen und Klöstern, in den Ordensversammlungen der Mevlid und an den Wachtfeuern der Soldaten die religiösen Lieder des Junus Emre (gest. 1307) singen hören, die ihre Wirkung durch die Jahrhunderte ebenso ihrer religiösen Tiefe wie der gemeinverständlichen Sprache verdanken. Über ihre Eindrücke von der Religiosität des schlichten Volkes berichteten mir katholische Krankenpflegerinnen auf Grund intimster Beobachtungen mit Worten höchsten Lobes. Ja, sie gestanden die Beschämung, die sie jeweils empfänden, wenn sie von ihrer beruflichen Tätigkeit im Orient vorübergehend in die europäische Heimat wiederkehrten und hier so viel Heidentum und so viel Lieblosigkeit von Christen gegeneinander sehen müßten, die vor Gott wohl schlimmer sei als die periodischen Ausbrüche eines orientalischen Glaubens- und Rassenfanatismus.

Autorin und Autoren

Dr. Margot Käßmann, Landesbischöfin der Evangelisch-lutherischen Landeskirche Hannovers.

Dr. Wolfgang Schäuble, Bundesminister des Innern der Bundesrepublik Deutschland.

Dr. Cornelio Sommaruga, Präsident von «Initiativen der Veränderung International», Caux; ehemaliger Präsident des Internationalen Komitees vom Roten Kreuz, Genf.

Der Herausgeber

Dr. Wolfgang W. Müller, Professor für Dogmatik an der Theologischen Fakultät der Universität Luzern und Leiter des Ökumenischen Instituts Luzern.